Bernd Matzkowski

Wie interpretiere ich Fabeln, Parabeln und Kurzgeschichten?

Basiswissen

Grundlagen der Analyse und Interpretation einzelner Textsorten und Gattungen mit Analyseraster

Über den Autor:

Bernd Matzkowski ist 1952 geboren. Er ist verheiratet und hat drei Kinder.
Lehrer (Oberstudienrat) am Heisenberg Gymnasium Gladbeck
Fächer: Deutsch, Sozialwissenschaften, Politik, Literatur/Theater
(in NRW in der Sek. II eigenes Fach mit Richtlinien etc.)
Beratungslehrer für Suchtprävention
Ausbildungskoordinator

6., korrigierte Auflage 2007
ISBN: 978-3-8044-1519-5

Gestaltung: Georg Lehmacher, Friedberg (Bay.)

Inhaltsverzeichnis

Vorwort: Zur Benutzung des Buches

Der Band *Wie interpretiere ich Fabeln, Parabeln und Kurzgeschichten?* führt in die Analyse der drei epischen Kleinformen ein und soll den Benutzer in die Lage versetzen, selbstständig Texte dieser drei Gattungen der Epik zu analysieren und zu interpretieren. Der Schwerpunkt des Bandes liegt deshalb auf der Vermittlung von Arbeitstechniken sowie Hilfen zum Erfassen von epischen Texten und bietet keine abgeschlossenen „Musterinterpretationen". Grundbausteine epischer Texte werden erläutert und an Beispielen aufgezeigt; Arbeitsfragen zur Untersuchung von Fabeln, Parabeln und Kurzgeschichten (Analyseraster) sollen zur eigenständigen Erarbeitung anregen.

1. Interpretation und Analyse: einige Grundlageninformationen

Ein Interpret ist laut Duden ein Ausleger, Erklärer, Deuter.[1] Folgt man dieser knappen Erklärung, hat man schon wesentliche Aspekte des Interpretationsvorgangs erfasst. Etwas wird erläutert: ein Gegenstand, ein Sachverhalt, ein Text. Diese Erläuterung wird von jemandem vorgenommen, dem Interpreten. Und diese Erläuterung wird an einen anderen vermittelt. In Anlehnung an Karl Bühler formuliert: Einer (der Sender) vermittelt dem anderen (dem Empfänger) etwas über die Dinge (Gegenstände, Sachverhalte, Texte). Diese Vermittlung erfolgt durch (sprachliche) Zeichen, bezogen auf eine Interpretation, den vom Sender verfassten Text.

Info

Bei einer Interpretation handelt es sich um einen kommunikativen Akt, der drei Aspekte beinhaltet: das objektive Erfassen eines Sachverhaltes (die Analyse des Textes), eine Beurteilung und kritische Auseinandersetzung mit dem Sachverhalt (die Bewertung des Textes durch den Interpretierenden) und die Vermittlung des Sachverhaltes und der Bewertung an einen Dritten (den Lesenden der Interpretation).[2] Dementsprechend gilt es für die Schülerin/den Schüler, drei Leistungen zu erbringen: Zunächst einmal muss der Gegenstand erfasst werden, der konkrete (literarische) Text mit seinen Besonderheiten. Um dies zu leisten, bedarf es eines methodischen Vorgehens und überprüfbarer Kriterien; sodann muss der Text bewertet werden (wobei sich die Bewertung auf den Gehalt und die „Machart" des Textes beziehen kann); schließlich müssen die gewonnenen Erkenntnisse angemessen vermittelt werden: Dazu bedarf es u.a. eines Begriffsinstrumentariums, z.B. der literaturwissenschaftlichen Fachbegriffe.[3] Kurz und knapp formuliert: *„Interpretieren heißt Untersuchen – Erkennen – Erklären."*[4]

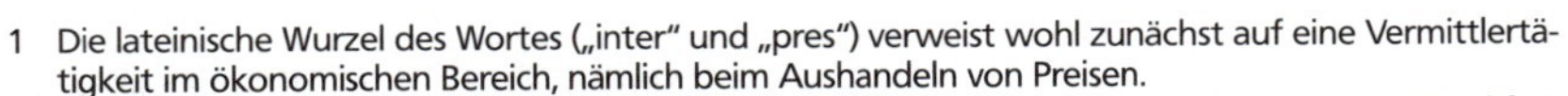

1 Die lateinische Wurzel des Wortes („inter" und „pres") verweist wohl zunächst auf eine Vermittlertätigkeit im ökonomischen Bereich, nämlich beim Aushandeln von Preisen.

2 Vgl. hierzu: Egon Krause, *Interpretieren – Begriff und Anwendung im Deutschunterricht*, Frankfurt am Main 1984, S. 12. In diesem Zusammenhang sei auch auf die „Richtlinien" verwiesen, die das Interpretieren als Teil des Verstehensprozesses begreifen: „Der Begriff ‚Verstehen' bezeichnet den Vorgang der Sinnfindung in der Auseinandersetzung mit einem Text; davon zu unterscheiden ist einmal der Begriff ‚Interpretation/Analyse' als Praxis der Auslegung und andererseits der Begriff ‚Hermeneutik' als Theorie der Auslegung." (Der Kultusminister des Landes Nordrhein-Westfalen, *Gymnasiale Oberstufe: Richtlinien Deutsch – Die Schule in Nordrhein-Westfalen*. Eine Schriftenreihe des Kultusministers, Düsseldorf 1982, S. 35).

3 Das oft gehörte (Vor-)Urteil von Schülerinnen und Schülern, bei der Bewertung/Benotung von Interpretation im Fach Deutsch sei man der persönlichen Auffassung des Lehrers unterworfen, ist von daher richtig und falsch zugleich. Neben objektiv überprüfbaren Elementen (im Bereich der Texterfassung und Beschreibung) stehen subjektive Momente (etwa im Bereich der Wertung), die durchaus aber gewünscht und sogar notwendig sind, da der Schüler seine eigene Auffassung ja deutlich machen soll. Kein Lehrer wird eine eigenständige Bewertung eine Textes negativ auslegen, wenn sie begründet ist und ihr die „objektive" Erfassung des Textes vorausgeht. „Im Prozess des Verstehens verändert sich das Vorverständnis; dem Textverständnis eröffnen sich jeweils neue Deutungs- und Erklärungsmöglichkeiten, so dass der Verstehensprozess nie endgültig abgeschlossen ist, auch wenn der jeweilige Stand des Verstehens intersubjektiv mitteilbar und überprüfbar ist." (Der Kultusminister des Landes Nordrhein-Westfalen, *Gymnasiale Oberstufe: Richtlinien Deutsch – Die Schule in Nordrhein-Westfalen*. Eine Schriftenreihe des Kultusministers, Düsseldorf 1982, S. 36)

1.1 Vorarbeiten – vom ersten Erfassen des Textes zum Entwurf einer Gliederung

Schülerinnen und Schüler neigen dazu, so meine langjährige Praxiserfahrung, relativ rasch mit dem Verfassen eines Aufsatzes zu beginnen und wenig Zeit in Vorarbeiten zu investieren. Der Grund mag in der Befürchtung liegen, den Aufsatz, v.a. wenn es sich um eine Klausur handelt, nicht in der vorgegebenen Zeit fertigstellen zu können. Dies führt bei der Analyse oft zum Übersehen von Textkonstituenten, bei der Darstellung kommt es leicht zu Auslassungen und Brüchen oder zum genauen Gegenteil, zu Wiederholungen, redundanten Textpassagen oder zu reinen Paraphrasierungen des gegebenen Textes. Um solche Fehler zu vermeiden, ist eine gründliche Vorarbeit nötig. Zeit, die in diese Vorarbeit investiert wird, ist nicht verloren, sondern ermöglicht letztlich eine raschere, v.a. aber gründlichere Ausführung der gesamten Arbeit. Einige Hilfestellungen und Hinweise sollen deshalb hier gegeben werden.

1.1.1 Erfassen der Aufgabenstellung

Bevor mit der Arbeit am Text begonnen wird, sollte zunächst ein Blick auf die Aufgabenstellung geworfen werden, so dass die Untersuchung des Textes gezielt erfolgen kann, denn oftmals lenkt die Aufgabenstellung den Interpretierenden ja schon in eine bestimmte Richtung. Eine Aufgabe kann sehr weit und allgemein gestellt sein, z.B.: „Interpretieren Sie Herbert Malechas Kurzgeschichte *Die Probe*!" Eine solche Aufgabenstellung ermöglicht der Schülerin/dem Schüler eine eigene Schwerpunktsetzung, die jedoch an den unterrichtlichen Kontext, in dem die behandelte Kurzgeschichte steht, angebunden werden muss (dies könnte z.B. eine Unterrichtssequenz über die deutsche Nachkriegskurzgeschichte sein). Eine Aufgabe kann aber von vornherein auch mit einem bestimmten Schwerpunkt versehen sein: „Interpretieren Sie Malechas Kurzgeschichte *Die Probe* unter besonderer Berücksichtigung der sprachlichen Gestaltung!" Hier gilt es dann für die Schülerin/den Schüler, das Hauptaugenmerk auf Sprache und Stil des Textes zu richten und die Funktion der sprachlichen Gestaltung für die Intention besonders herauszustellen.
Die Aufgabenstellung kann aber auch die Untersuchung eines bestimmten Motivs oder eines bestimmten Aspektes in den Vordergrund rücken. Die Aufgabe zur Kurzgeschichte von Malecha könnte dann etwa lauten: „Analysieren Sie Malechas Kurzgeschichte unter besonderer Berücksichtigung der Darstellung der Hauptfigur! Grenzen Sie dabei Malechas Hauptfigur von anderen Ihnen bekannten Verbrecher-Gestalten in der Literatur ab!" Eine solche Aufgabenstellung setzt natürlich die Kenntnis anderer im Unterricht behandelter Texte voraus, in denen Verbrecher/Kriminelle im Mittelpunkt stehen (also z. B. Schillers Kriminalnovelle

Der Verbrecher aus verlorener Ehre) und verlangt einen Vergleich der Mittelpunktfiguren.

1.1.2 Gründliche Lektüre des Textes und erster Eindruck

Nach dem Erfassen der Aufgabenstellung sollte der zu bearbeitende Text gründlich gelesen werden; die ersten Eindrücke sollten in einer Arbeitshypothese oder einem ersten Sinnentwurf festgehalten werden. Durch die gründliche Lektüre des Textes ergibt sich ein erster Eindruck, ein Vorverständnis. Diese Lektüre sollte nach Möglichkeit durchaus laut (oder halblaut) erfolgen, damit sich auch die klangliche Gestaltung des Textes erschließt, was besonders bei Gedichten nicht unbedeutend ist. Dies mag dem Schüler zunächst befremdlich erscheinen und ist bei Klausuren sicherlich nicht ohne Komplikationen, z.B. aufgrund eines unterschiedlichen Lesetempos, möglich. Bei einigen Textsorten, z.B. Dramenszenen mit vielen auftretenden Figuren, mag es vielleicht sogar unmöglich erscheinen, diesen Vorschlag in die Praxis umzusetzen, weil es zu Störungen der Mitschüler kommt. Hier muss man sich natürlich den Gegebenheiten anpassen; zumindest aber bei häuslichen Arbeiten ist diese Methode ohne Einschränkungen anwendbar.
Die durch das Lesen gewonnenen ersten Eindrücke sollten möglichst unverzüglich und in knapper Form festgehalten werden. Diese Arbeitshypothese dient als Ausgangspunkt für die systematische Untersuchung des Textes und kann, auch wenn sie im Laufe der Arbeit korrigiert oder sogar ganz verworfen wird, durchaus bei der Darstellung der Arbeitsergebnisse verwendet werden, etwa wenn der Schüler sich bei der Abfassung des Aufsatzes für die Darstellung des Verstehensprozesses entscheidet (siehe dazu Abschnitt 1.2).
Zur Überprüfung des eigenen Textverständnisses kann es sich – insbesondere bei Sachtexten – zudem als sinnvoll erweisen, eine auf das wesentliche beschränkte inhaltliche Zusammenfassung des Textes niederzuschreiben (z.B. den Inhalt einzelner Abschnitte eines epischen Textes, den Inhalt einer Strophe oder die wesentlichen Thesen und Gedankengänge eines Sachtextes). Das dadurch erhaltene Material verschafft nicht nur eine größere Textsicherheit, sondern ermöglicht dem Schüler einen raschen Zugriff auf einzelne Textteile und kann bei der Ausarbeitung des Aufsatzes verwendet werden. Entscheidend dabei ist, dass der Text nicht einfach nur „nacherzählt" wird, sondern bereits in einer distanzierten und sachlichen Sprache ein gewisser Abstraktionsgrad erreicht wird.

1.1.3 Systematische Arbeit am Text: Materialsammlung

Der nächste Schritt sollte eine systematische Untersuchung des Textes mit wiederholtem, eventuell abschnittsweisem Lesen sein. In dieser Phase der Bearbeitung des Textes werden bereits inhaltliche und sprachliche Besonderheiten festgehalten, das Beziehungsgeflecht der Textkonstituenten wird untersucht, wobei die Untersuchungsgesichtspunkte u.a. durch die gattungsspezifischen oder textsortenspezifischen Gegebenheiten bestimmt werden und die entsprechenden Fachbegriffe zur Anwendung kommen (bei einem Gedicht also etwa lyrisches Ich, Reim, Versmaß, Strophen, Bilder, Chiffren, semantische, syntaktische und stilistische Auffälligkeiten). Zudem gilt es natürlich, Inhalt, Gehalt, Thema und Intention des gegebenen Textes zu erfassen und zu deuten. Bei diesem Arbeitsschritt kann, je nach Textsorte oder eigener Vorliebe, bereits mit unterschiedlichen „technischen Hilfsmitteln" gearbeitet werden, also dem Unterstreichen oder Hervorheben von Textstellen, dem Anbringen von Buchstaben oder Zahlen, dem Einkreisen von Textstellen oder der Anlage von Verbindungslinien zwischen Textkonstituenten, die sich aufeinander beziehen. Zwischenergebnisse können am Rand des Textes oder auf Arbeitsblättern festgehalten werden; passende Fachtermini kommen zur Anwendung. Die stichwortartig notierten Ergebnisse können anschließend kurz zusammengefasst und ausgewertet werden. Das folgende Beispiel stellt eine **Möglichkeit** dar!

INHALT	TEXT	FORM
Darstellung der Gefühlswelt der Hauptfigur (Jens Redluff)	Wovor hab' ich denn eigentlich Angst, verdammte Einbildung, wer soll mich denn schon erkennen in dieser Menge, sagte er sich.	Redewiedergabe (Innenansicht/ Gedanken) in direkter Rede
Redluff hat sein Versteck verlassen und bewegt sich recht unsicher in der Menge auf der Straße	Aber er spürte nur zu genau, dass er in ihr nicht eintauchen konnte, dass er wie ein Kork auf dem Wasser tanzte, abgestoßen und weitergetrieben.	Wassermetaphorik

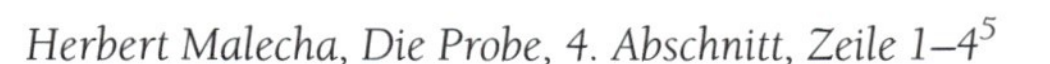
Herbert Malecha, Die Probe, 4. Abschnitt, Zeile 1–4[5]

Kurze Zusammenfassung

Der Abschnitt beginnt mit der Wiedergabe von Gedanken Redluffs, die sich mit seinem Gefühl der Angst beschäftigen. Redluff, Inhaber eines falschen Passes, sagt sich zwar, dass ihn niemand in der Menge erkennen werde, aber das Bild vom Kork auf dem Wasser (Wassermetaphorik) macht deutlich, wie unsicher Redluff ist. Ein Kork hat keinen eigenen Willen, ist den Kräften der Natur (den Strömungen des Wassers) ausgeliefert (nicht eintauchen können, tanzen, abgestoßen und weitergetrieben werden). Das Bild vom Kork auf dem Wasser zeigt die ganze innere Anspannung Redluffs, seine Unsicherheit: Er ist noch nicht wirklich Teil der Menge, sondern hat das Gefühl, ein Fremdkörper zu sein.

5 Zitiert nach Jakob Lehmann (Hrsg.), *H. Malecha, ‚Die Probe'* in: *Interpretationen moderner Kurzgeschichten*, Frankfurt a.M. 1976, S. 11.

1.1.4 Über den Text hinaus und zum Text zurück

Die Materialsammlung bedarf nun noch der Ergänzung durch „außertextliche" Informationen. Diese führen den Schüler zunächst (allerdings nur scheinbar) vom Text weg, müssen jedoch an den Text angebunden werden und dienen somit wiederum zur Erhellung einzelner Textkonstituenten oder des gesamten Textes. Folgende Aspekte können hier eine Rolle spielen (wobei die Liste unvollständig ist und erneut auf Malechas Kurzgeschichte Bezug genommen wird):

- biografische Informationen über den Verfasser
- werkgeschichtliche Informationen (Bezüge zu anderen Texten des Autors oder eines anderen Autors zum gleichen Thema/Motiv)
- literaturhistorische und literatursoziologische Aspekte (Literatur in Deutschland nach 1945/die gesellschaftlichen Faktoren)
- literaturtheoretische Gesichtspunkte
- gattungstheoretische Gesichtspunkte (Geschichte und Theorie der Kurzgeschichte)
- linguistische Gesichtspunkte (z. B. Verwendung bestimmter Schlüsselwörter)
- ideengeschichtliche, psychologische, soziologische, ästhetische Hintergründe/Zusammenhänge

Ob und in welchem Umfang diese Informationen dann auch in den Aufsatz (die Interpretation) einfließen, muss im Einzelfall entschieden werden. Auf keinen Fall können Ausführungen zu den oben genannten Gesichtspunkten aber die konkrete Arbeit am Text ersetzen!

1.1.5 Zusammenfassende Auswertung/Erörterung/Bewertung

Der nächste Schritt sollte in einer Auswertung der bisher gewonnen Erkenntnisse bestehen. Die Frage „WER sagt WAS auf welchem WEG zu WEM mit welcher WIRKUNG?" kann beantwortet werden. Die eingangs formulierte Arbeitshypothese (das VOR-Verständnis) kann überprüft werden. Die Überprüfung führt entweder zur Absicherung der Arbeitshypothese oder zu ihrem Verwerfen und zum Entwickeln eines abgesicherten Interpretationsansatzes, zum Verständnis des Textes, zu seiner Deutung. Auf dieser Grundlage kann eine Bewertung des Textes erfolgen. Auch hier gibt es verschiedene Ansatzpunkte, die teilweise wiederum von der konkreten Aufgabenstellung abhängig sein können. Die Bewertung kann sich etwa auf die Aussage des Textes beziehen (wenn z. B. bei einem Sachtext die kritische Stellungnahme zu den Positionen eines Autors verlangt wird), sie kann sich auf die „Machart" des Textes beziehen, also auf die sprachlich-stilistische Gestaltung, oder auf die beabsichtigte Wirkung des Textes (die Intention) und die Frage, ob, in welchem Umfang und wie diese Wirkungsabsicht wohl erreicht wird/erreicht wurde. Hier kann es zu subjektiven Wertungen kommen. Die Kriterien für diese Bewertung müssen aber deutlich werden und durch die vorausgegangene Analyse abgesichert sein.

1.1.6 Anlage einer Gliederung

Noch immer sind wir, zumindest was das Abfassen des Aufsatzes angeht, im Bereich der Vorarbeiten, wenn auch schon die Analyse geleistet ist. Bevor der letzte Schritt erfolgt, die endgültige Verschriftlichung der Arbeitsergebnisse in einem zusammenhängenden Aufsatz, sollte das gesichtete und ausgewertete Material dazu dienen, eine Gliederung zu entwickeln. Vom Rezipienten eines (fremden) Textes wird die Schülerin/der Schüler zur Verfasserin/zum Verfasser eines eigenen Textes, der sich an einen Dritten (Lehrer/Mitschüler) wendet.
Es mag schlicht klingen, soll aber hier gesagt sein, weil der Schulalltag einen solchen Hinweis nötig erscheinen lässt: Die gröbste und einfachste Gliederung besteht aus drei Teilen: Einleitung, Hauptteil und Schluss. Wenn ein Aufsatz diese Struktur aufweist, ist schon recht viel gewonnen.
Der Schüler muss sich freilich noch entscheiden, was Gegenstand der einzelnen Teile sein soll. Die sprachlich-stilistische und inhaltliche Analyse wird sicherlich dem Hauptteil zugeschlagen werden müssen, Erörterung und Bewertung gehören eher an den Schluss. Im Schlussteil können aber auch weiterführende Fragen aufgeworfen werden oder ein Rückgriff auf eine eingangs formulierte Arbeitshypothese erfolgen. Mit der Einleitung nimmt der Schüler eine Beziehung zum Text und gleichzeitig zum Lesenden, zum Adressaten seines Aufsatzes, auf. In die Einleitung können z.B. Informationen über den Autor, die Entstehungszeit, aber auch bereits Angaben zum Inhalt des Textes oder die Arbeitshypothese einfließen. Hier kann der Schreibende dem Lesenden auch verdeutlichen, wie er bei der Bearbeitung des Textes vorgeht (vorgegangen ist) und welche weiteren Arbeitsschritte folgen (werden). Dies hängt wesentlich von der Aufgabenstellung und der Anlage der Interpretation überhaupt ab (siehe 1.2), denn der Aufbau kann dem Gang des bearbeiteten Textes folgen oder aber den Verstehensprozess des Interpretierenden nachzeichnen. Insofern fällt mit der Gliederung bereits eine Entscheidung über die Anlage des Aufsatzes, seinen kommunikativen Aspekt, den Bezug zum Lesenden. Gleichzeitig hat die Gliederung aber auch eine Hilfsfunktion für den Schreibenden. Sie kann Textredundanz verhindern und ist gleichzeitig Überprüfungsinstrument dafür, ob alles Erarbeitete, das als wesentlich angesehen wird, tatsächlich auch in den Aufsatz einfließt.

1.1.7 Kurzinformation/Übersicht über die Arbeitsschritte

- 1. Schritt: Erfassen der Aufgabenstellung
- 2. Schritt: Lektüre des Textes und Formulierung einer kurzen inhaltlichen Zusammenfassung sowie einer Arbeitshypothese bzw. eines ersten Sinnentwurfs
- 3. Schritt: systematische Bearbeitung des Textes und Erarbeitung aller für die Interpretation wichtigen Textkonstituenten unter Berücksichtigung der Aufgabenstellung
- 4. Schritt: Aufgreifen „außertextlicher" Informationen für die Analyse
- 5. Schritt: Integration der bisher gewonnenen Ergebnisse, Überprüfung der Arbeitshypothese, Formulierung eines Deutungsansatzes, begründete Bewertung (Erörterung)
- 6. Schritt: Entwicklung einer Gliederung des Interpretationsaufsatzes

1.2 Die kommunikative Gestaltung der Interpretation

Sind die oben genannten Arbeitsschritte getan, sind alle wichtigen Vorarbeiten für den Interpretationsaufsatz erledigt. Die Arbeit tritt in eine weitere Phase, denn die bereits gewonnenen Erkenntnisse müssen jetzt in einen zusammenhängenden und einer inneren logischen Struktur folgenden Aufsatz eingebaut werden. Dem Untersuchen und Erkennen folgt das Erklären und seine Verschriftlichung. Bisher hat der Schüler sich mit dem Gegenstand beschäftigt, dem zu bearbeitenden Text; nun gilt es, die gewonnenen Ergebnisse einem Adressaten zur vermitteln (Mitschüler/-innen/dem Lehrer/der Lehrerin). Diese Darstellung der Ergebnisse ist eine eigenständige Leistung des Schreibenden, denn ein neuer Text entsteht, der unter kommunikativen Gesichtspunkten zu gestalten ist und bei dem der Gang der Darstellung und die Blickrichtung der Darstellung zu berücksichtigen sind.[6]

1.2.1 Textbegleitende und systematische Darstellung

Für die Darstellung der bei den Vorarbeiten gewonnenen Erkenntnisse eröffnen sich zwei Möglichkeiten. Eine davon besteht darin, dem Gang des zu bearbeitenden Textes selbst zu folgen, bei einem Gedicht also z. B. den einzelnen Strophen.

6 Vgl. zu den folgenden Abschnitten u.a. Diem, Frank, Frommer u.a., *Schreibweisen – Ein Arbeitsbuch für den Deutschunterricht der Sek. II*, Stuttgart 1987, S. 49 ff.; J. Jansen, *Einführung in literaturwissenschaftliche Arbeitstechniken und Methoden am Beispiel eines Bestsellers*, Kurs: Deutsch, Düsseldorf 1977, S. 17 ff., H. Biermann/B. Schurf, *Texte, Themen und Strukturen – Grundband Deutsch für die Oberstufe*, Düsseldorf 1990, S. 51 ff.

Die Struktur des Ausgangstextes zeichnet somit die Struktur des Aufsatzes vor; in die Einleitung fließen z.B. der erste Eindruck vom Text und das Vorwissen über den Text ein, im Hauptteil werden abschnittsweise der Inhalt des bearbeiteten Textes und die über die einzelnen Abschnitte des Textes gewonnenen Erkenntnisse vermittelt. Der Schlussteil des Aufsatzes sollte in diesem Falle u.a. eine prägnante Zusammenfassung der Ergebnisse präsentieren.
Entscheidet sich der Schüler für diese Art der Darstellung, ist eine gesonderte Inhaltsangabe des Textes, etwa in einem einleitenden Teil oder zu Beginn des Hauptteils, auf jeden Fall überflüssig. Diese Art der Darstellung ist durchaus eingängig und vermittelt dem Adressaten sowohl einen guten Überblick über den Text als auch direkt an den Text angebundene Informationen. Die Schwächen (Gefahren) dieser Darstellungsform liegen (textspezifisch unterschiedlich) in einer möglichen Unübersichtlichkeit, weil wichtige Einzelerkenntnisse über einen längeren Aufsatztext verstreut vermittelt werden; zudem kann es zu Wiederholungen kommen, etwa wenn gleiche Stilmittel in mehreren Abschnitten des bearbeiteten Textes vorkommen und ihre Erläuterung dann redundanten Charakter bekommt. Durch eine vor dem Abfassen des Aufsatzes verfasste Gliederung (siehe 1.1.6) kann diesen Gefahren allerdings weitgehend begegnet werden. Für die Textwiedergabe gilt auf jeden Fall, dass sich der Schreibende vom Wortlaut des Originaltextes lösen sollte (außer bei wörtlichen Zitaten) und den Text mit eigenen Worten zusammenfassend wiedergeben sollte. Bereits dadurch macht der Schreibende sein Textverständnis in Ansätzen deutlich.
Eine Alternative zur textbegleitenden Darstellung bietet die systematische Darstellung. Die Textwiedergabe und zusätzliche Informationen (z.B. die Einbettung des Textes in die Biografie des Autors, kurze Angaben zur Gattungszuordnung → Vorwissen) kann der Schreibende in der Einleitung präsentieren; im Hauptteil werden die bei den Vorarbeiten gewonnenen Arbeitsergebnisse systematisch dargeboten (Kernaussagen, sprachlich-stilistische Mittel, Struktur etc.). Die Hauptgefahr bei dieser Art der Darstellung besteht darin, dass die Beziehung zwischen dem Inhalt des bearbeiteten Textes, der sprachlich-stilistischen Gestaltung und der Intention des Textes aus dem Auge verloren werden kann, etwa wenn es zu einer rein additiven Benennung stilistischer Mittel kommt. Der Vorteil dieser Darstellungsweise liegt sicherlich darin, dass die Gefahr der reinen Textparaphrase geringer ist als bei der textbegleitenden Darstellung. Auch bei dieser Darstellungsweise hilft eine durchdachte Gliederung dabei, Mängel zu vermeiden.

Für welche der beiden Darstellungsformen sich ein Schüler entscheidet, hängt einerseits von dem zu bearbeitenden Text, z.B. von der Länge des Textes sowie der Textsorte, und von der Aufgabenstellung ab. Andererseits gibt es ein recht einfaches Kriterium für die Entscheidung zwischen den beiden Darstellungsformen: Jeder Schüler/jede Schülerin kann und wird herausfinden, welche der beiden Darstellungsformen ihm/ihr „besser liegt", denn jeder/jede bringt eigene, bereits entwickelte Schreibgewohnheiten mit.

1.2.2 Prozessdarstellung und Ergebnisdarstellung

Für die kommunikative Gestaltung des Aufsatzes ist neben dem Weg der Darstellung auch die Perspektive der Darstellung entscheidend. Auch hier kann wiederum zwischen zwei grundsätzlichen Verfahren gewählt werden, der Prozessdarstellung und der Ergebnisdarstellung.
Bei der **Prozessdarstellung**

- befindet sich der Schreibende scheinbar mitten im Verstehensvorgang,
- wechselt er seinen Standort,
- blickt er voraus und zurück.

Bei einem komplizierten oder vieldeutigen Text eröffnet dieses Verfahren dem Schreibenden die Möglichkeit, seine Schwierigkeiten mit dem Text offenzulegen. Daraus ergibt sich gleichzeitig, dass bei leicht zugänglichen Texten dieses Verfahren wenig geeignet ist. Der Lesende bekommt bei der Prozessdarstellung den Eindruck, als entwickele sich das Textverständnis des Schreibenden erst im Laufe des Schreibvorgangs.
Bei der **Ergebnisdarstellung**

- blickt der Schreibende von einem bereits festen Standort auf den Verstehensvorgang zurück.

Die Darstellung wirkt systematisch und geordnet auf den Adressaten.

Eine vom Verfasser des Aufsatzes formulierte Arbeitshypothese betont bei einer Entscheidung für die Prozessdarstellung die Vorläufigkeit und Unsicherheit des Interpretationsansatzes, bei einer Entscheidung für die Ergebnisdarstellung nimmt die Arbeitshypothese in verkürzter Form bereits das später präsentierte Ergebnis vorweg.[7] Bei der Entscheidung zwischen den beiden Darstellungsperspektiven spielen, wie bei der Entscheidung für den Weg der Darstellung, Textsorte, Aufgabenstellung und Vorlieben des Schreibenden eine Rolle.

1.2.3 (Meta-)kommunikative Hinweise im Aufsatz

Metakommunikative Hinweise (Metakommunikation → Kommunikation über Kommunikation) sind Verfahrenshinweise, die der Schreibende dem Lesenden

7 Vgl. hierzu Diem/Frank, besonders S. 52 f. Diem und Frank weisen zu Recht darauf hin, dass in den Arbeitsanweisungen zu einer Klausur bereits eine Interpretationshypothese versteckt sein kann, die dann zum Ausgangspunkt der eigenständigen Arbeit mit dem Text werden kann. Diese Möglichkeit unterstreicht noch einmal die Bedeutung des in 1.1.1 erläuterten Erfassens der Aufgabenstellung für die Arbeit des Interpretierens.

(der Sender dem Empfänger/Adressaten) gibt. Der Schreibende formuliert, für den Lesenden nachvollziehbar, wie er zu einem Ergebnis gekommen ist oder welchen Schritt in der Interpretation er nun gehen wird, also etwa so: „Im folgenden Abschnitt meiner Arbeit werde ich die Bedeutung der Wassermetaphorik in Malechas Text genauer untersuchen und ihre Bedeutung im Zusammenhang mit der Intention der Kurzgeschichte erläutern". Oder etwa: „Nachdem ich bisher die Hauptfigur in Malechas Geschichte untersucht habe, werde ich sie nun mit der Figur des Christian Wolf in Schillers Novelle *Der Verbrecher aus verlorener Ehre* vergleichen und Unterschiede und Gemeinsamkeiten aufzeigen."
Solche metakommunikativen Hinweise können auch verdeutlichen, dass der Aufsatz sinnvoll gegliedert ist, also aus Abschnitten besteht, die eine jeweils spezifische Funktion im Textganzen haben. Sie sind Bindeglieder zwischen einem bereits ausgeführten und einem nun neu eingeführten Aspekt, machen Beziehungen und Unterschiede zwischen den Abschnitten gleichermaßen deutlich.

1.2.4 Sprachliche Gestaltung/Zitate

Die Anlage einer Interpretation verlangt vom Verfasser eine angemessene, d.h. sachlich-nüchterne und distanzierte/abstrahierende Sprache, die durch die sachgemäße Verwendung von Fachtermini gekennzeichnet ist. Sind die Fachtermini im Unterricht eingeführt worden, kann ihre Bedeutung somit als bekannt vorausgesetzt werden, müssen sie nicht erläutert werden, sondern lediglich auf die passenden Textbeispiele/Textstellen bezogen sein. Ist ein Fachbegriff nicht eingeführt, so sollte er, zum Beispiel wenn eine Interpretation, etwa eine Hausaufgabe, in der Klasse vorgetragen wird, kurz erläutert werden. Wird der Inhalt des bearbeiteten Textes zusammengefasst, gelten die allgemeinen Regeln für eine Inhaltsangabe.
Die Textwiedergabe erfolgt in eigenen Worten, demgegenüber sind Zitate aus dem zu bearbeitenden Text im Wortlaut wiederzugeben. Etwaige Auslassungen oder Veränderungen, die aus syntaktischen Gründen sinnvoll sein können, müssen angezeigt werden (zumeist durch Klammern). Ein Hinweis auf die Textpassage, der das Zitat entnommen ist, darf nicht fehlen (also Strophen bzw. Zeilenangabe, Seitenangabe etc.).
Im Sinne einer metakommunikativen Gestaltung kann es durchaus angebracht sein zu erläutern, warum der Schreibende genau diese Passage ausgewählt hat, um sie wörtlich zu zitieren. Wird aus einem Sekundärwerk zitiert, etwa um eine eigene Position zu unterstützen, müssen Verfasser und Fundort angegeben werden, so dass die sinnvolle und korrekte Verwendung des Zitats überprüft werden kann. Diese Vorschriften gelten auch für das „indirekte Zitat", bei dem eine Textstelle nicht wörtlich, sondern nur inhaltlich (gedanklich/sinngemäß) übernommen wird und bei dem dann die Anführungszeichen fehlen (Beispiele für beide Zitierweisen finden sich in diesem Text). Auf jeden Fall gilt es für die Interpretation, Zitate in sinnvollem Maß zu verwenden.

1.2.5 Kurzinformation/Zur Gestaltung der Interpretation

➡ 1. Die Darstellung der Arbeitsergebnisse kann textbegleitend oder systematisch angelegt sein.

➡ 2. Als Darstellungsperspektiven bieten sich die Prozessdarstellung und die Ergebnisdarstellung an.

➡ 3. Die Interpretation sollte metakommunikative Hinweise enthalten.

➡ 4. Die Sprache sollte durch einen hohen Abstraktionsgrad gekennzeichnet sein; bei der Verwendung von Zitaten sind formale Vorschriften zu beachten.

2. Textsorten und Gattungen: eine Einführung in zwei Grundbegriffe

Im ersten Kapitel dieses Bandes sind im Zusammenhang mit den Hinweisen zur Analyse und zur Gestaltung eines (Interpretations-)Aufsatzes zwei zentrale Begriffe aufgetaucht. Es sind dies die Begriffe **TEXT** und **GATTUNG**. Klausuraufgaben verwenden oftmals diese Begriffe, so etwa wenn sie lauten „Analysieren Sie den Text!" oder „Zeigen Sie anhand der Kurzgeschichte *San Salvador* von Peter Bichsel typische Merkmale der Gattung auf!"
Unterrichtswerke für das Fach Deutsch präsentieren bei einem systematischen (nicht unbedingt bei einem historischen) Aufbau literarische Werke nach GATTUNGEN geordnet oder nehmen eine Einteilung nach literarischen (fiktionalen) und nicht-literarischen (nicht-fiktionalen) Texten vor, wie es auch (jedenfalls in Nordrhein-Westfalen) die Richtlinien für die Sek. II tun, wenn sie vom „Umgang mit fiktionalen Texten" und „Umgang mit nichtfiktionalen Texten" sprechen.[8]
Da die verschiedenen Texte (Textsorten und Gattungen) unterschiedliche konstituierende Merkmale aufweisen und einen jeweils eigenen Zugriff auf die Wirklichkeit vornehmen, ist der Verstehensprozess wesentlich durch sie bestimmt, denn sie konfrontieren den Lesenden (oder den Interpretierenden) und sein Vorverständnis aufgrund ihrer spezifischen Eigenheiten mit jeweils besonderen Fragestellungen und Problemen (die Auseinandersetzung mit einem Liebesgedicht stellt andere Erwartungen an den Schüler als die Analyse eines Lexikonartikels zum Stichwort „Liebe").
Ein Verständnis von den Begriffen TEXT und GATTUNG stellt somit bereits eine Voraussetzung für die Inangriffnahme einer Interpretation dar.

8 Der Kultusminister des Landes Nordrhein-Westfalen, *Gymnasiale Oberstufe: Richtlinien Deutsch – Die Schule in Nordrhein-Westfalen*. Eine Schriftenreihe des Kultusministers, Düsseldorf 1982, S. 30/31

2.1 Texte/Textsorten

2.1.1 Texte im kommunikativen Zusammenhang

Versteht man unter einem Text einen Teil eines kommunikativen Zusammenhangs, dann ist ein Text (ein Code) die Grundeinheit einer akustischen, optischen und/oder schriftlichen Kommunikation. Ein Text wird somit durch die (sinnvolle) Abfolge akustischer, optischer oder schriftlicher Zeichen definiert, die von einem Sender codiert (verschlüsselt) werden und von einem Empfänger (Adressaten) entschlüsselt werden müssen, wenn die Kommunikation klappen soll. Dies funktioniert allerdings nur, wenn Sender und Empfänger über einen gleichen Zeichenvorrat verfügen (zumindest über eine gemeinsame Schnittmenge von Zeichen), bei dem (bei der) die Interpretation der Zeichen gleich ist.
Die Interpretation der Zeichen ist dabei u.a. kontext- bzw. situationsabhängig. Das Zeichen (Wort) „Feuer!" wird in einem bestimmten Kontext als Warnung (auch als Hilferuf) verstanden werden (analog dem Klingelzeichen, das in der Schule den Feueralarm signalisiert), in einem anderen Kontext (zwei Fahrgäste in einem Zugabteil) als Aufforderung/Bitte, ein Feuerzeug oder Streichhölzer auszuleihen.
Im Unterricht geht es zumeist um schriftliche Zeichen (verschriftlichte Texte). Der Sender ist in diesem Fall der Autor des Textes, die Lerngruppe ist der Empfänger. Der Text als Abfolge von Zeichen ist nach einem Regelsystem aufgebaut (die Wörter/Lexeme und die Verknüpfungsregeln/grammatischen Strukturen). Der Text bezieht sich auf einen Gegenstand/Sachverhalt. Diesen zu erfassen, zu erkennen und zu erklären, ist die Aufgabe des Rezipienten, der den Text mit seinem eigenen Vor-Verständnis aufnimmt.
Dies macht deutlich, dass bei der Interpretation von Texten Probleme auftreten können. Der Zeichenvorrat zwischen Sender und Empfänger bzw. die Interpretation der Zeichen können unterschiedlich sein. So kann ein Begriff, etwa in einem Sachtext, dem Empfänger völlig unbekannt sein; ein Begriff kann aber auch, etwa wenn es sich um einen älteren Text handelt, einen Bedeutungswandel erfahren haben. Oder ein Begriff kann in seiner Bedeutung zunächst nicht oder nur mit großen Schwierigkeiten erfasst werden, z.B. ein Bild in einem Gedicht, etwa die von Paul Celan in der *Todesfuge* verwendete Chiffre „schwarze Milch der Frühe". Das Vor-Verständnis der aktuellen Rezipienten (des Schülers heute) ist zudem zumeist ein anderes als das des „historischen" Rezipienten, für den ein Text verfasst worden ist. So hat etwa die Kriegsgeneration, die den Zweiten Weltkrieg miterlebt hat, mit den Autoren Böll und Lenz die Erfahrung des Krieges geteilt; Texte der beiden Autoren, etwa Nachkriegs-Kurzgeschichten Bölls, stießen somit bei den damaligen Rezipienten auf ein völlig anderes Vor-Verständnis.
Bei der Interpretation von literarischen Texten ist somit auch die Einbeziehung von „außertextlichen" Informationen nötig (siehe hierzu Abschnitt 1.1.4), denn ein

Text ist immer „(...) ein sprachliches Gefüge, dessen Struktur mitbestimmt ist durch die Art seiner Vermittlung sowie durch die Einbettung in einen tradierten soziokulturellen Zusammenhang."[9]

2.1.2 Textsorten: fiktionale und nicht-fiktionale Texte

Durch die Einbeziehung linguistischer Verfahren und Methoden hat sich bei der Einteilung von Texten eine grobe Zweiteilung durchgesetzt. Es wird allgemein unterschieden zwischen fiktionalen (literarischen/ästhetischen) und nicht-fiktionalen (referentiellen/expositorischen) Texten.
Der nicht-fiktionale Text (etwa ein Sachtext, z. B. ein Artikel über die Stahlregionen Europas in einem Erdkundelehrwerk) bildet eine bestimmte Situation (einen Gegenstand) referentiell ab (referentiell → auf die Wirklichkeit bezogen). Die geschilderte Situation (der Gegenstand) existiert unabhängig vom Geschrieben- bzw. Gelesen-Werden des Textes, unabhängig sogar von der Existenz des Verfassers des Artikels und von einem potenziellen Leser des Artikels. So existiert/ereignet sich der Autounfall auf einer Landstraße unabhängig davon, ob später in einem Zeitungsartikel oder einem Radiobeitrag darüber berichtet wird.
Bei fiktionalen Texten ist das völlig anders, selbst wenn sie Wirklichkeitsausschnitte (z. B. den Autounfall) aufgreifen. Der fiktionale Text schafft seine eigene Wirklichkeit, indem er Erdachtes/Erfundenes oder Elemente der Realität durch die Fantasie des Autors und des Rezipienten unter Verwendung eines eigenen Zeichenrepertoires und seiner Dekodierung durch den Empfänger zu einer fingierten Wirklichkeit werden lässt. Für die Analyse bedeutet das: „Nicht-fiktionale Texte können also nur dann adäquat erklärt und verstanden werden, wenn die in ihnen dargestellte Wirklichkeit und der pragmatische Bezugsrahmen, in den sie hineingestellt sind, bewusst gemacht und konkretisiert werden; fiktionale Texte erstellen ihren Bezugsrahmen erst im Prozess der Textkonstitution, dieser muss als umfassender Sinnzusammenhang gedeutet werden."[10]

Info

Ein nicht-fiktionaler Text ist zumeist dadurch bestimmt, dass die Bedeutungsvielfalt von Textkonstituenten möglichst eingegrenzt wird, der nicht-fiktionale Text vermittelt eindeutige Signifikate (etwa durch die Verwendung klar definierter Fachbegriffe). Bei einem fiktionalen Text ist es eher umgekehrt; einzelne Textkonstituenten können polyfunktional/mehrdeutig sein, der Text kann Leer- und Unbestimmtheitsstellen aufweisen, die der Empfänger mit seiner Vorstellungskraft ausfüllen muss. Somit existiert der fiktionale Text auch in weitaus höherem Maße überhaupt erst durch den Leser (eine Alltagserfahrung: nach dem ersten Lesen

9 Der Kultusminister des Landes Nordrhein-Westfalen, *Gymnasiale Oberstufe: Richtlinien Deutsch – Die Schule in Nordrhein-Westfalen*. Eine Schriftenreihe des Kultusministers, Düsseldorf 1982, S. 36.
10 Der Kultusminister des Landes Nordrhein-Westfalen, *Gymnasiale Oberstufe: Richtlinien Deutsch – Die Schule in Nordrhein-Westfalen*. Eine Schriftenreihe des Kultusministers, Düsseldorf 1982, S. 36.

eines Textes in einer Lerngruppe werden unterschiedliche Textkonstituenten als wichtig empfunden oder gleiche Textkonstituenten unterschiedlich „interpretiert").[11]
Aus den bisher genannten Merkmalen der beiden großen Textsorten ergeben sich jeweils spezifische Fragestellungen und Aufgaben bei ihrer Analyse/Interpretation, die u.a. mit der sprachlichen Gestaltung und dem Wirklichkeitsbezug der Textsorten in Zusammenhang stehen.

2.1.3 Texte und ihre Funktion

Bereits in den ersten Jahrzehnten unseres Jahrhunderts hat sich der Psychologe und Sprachphilosoph Karl Bühler mit der Leistung der menschlichen Sprache beschäftigt und sie als ein Werkzeug (organon) mit drei wesentlichen Funktionen definiert: Ausdruck, Appell und Darstellung. In Sprechakten bzw. Texten existieren diese drei Funktionen immer gleichzeitig, wobei jedoch jeweils eine Dimension dominieren kann. Die Ausdrucksfunktion (Symptomfunktion) überwiegt, wenn das sprachliche Zeichen (der Text) hauptsächlich etwas über den Sender selbst an den Empfänger vermittelt, z.B. seine Gefühle, seine Einstellung zu einem Gegenstand oder Sachverhalt. Die Darstellungsfunktion (Symbolfunktion) herrscht vor, wenn der Sachverhalt oder Gegenstand, über den der Sender dem Empfänger etwas mitteilt, in den Vordergrund gerückt wird. Will der Sender den Empfänger zu einer Haltung gegenüber einem Gegenstand oder Sachverhalt bewegen und ihn vielleicht sogar zu einer Verhaltensänderung oder Handlung auffordern, rückt die Appellfunktion des sprachlichen Zeichens in den Vordergrund.[12]
Wendet man die Überlegungen Bühlers auf die Bestimmung von Texten an, so kommt es zu drei Textsorten. Es gibt Texte, in denen die Appellfunktion dominiert (Spendenaufruf, politische Rede, Predigt); es gibt Textgruppen, in denen die Symptomfunktion von besonderer Bedeutung ist (z.B. Tagebuch, Lyrik), und es gibt Texte, in denen die Symbolfunktion vorherrscht (Lexikonartikel, Zeitungsbericht). Da die drei Funktionen des sprachlichen Zeichens aber immer integriert zur Geltung kommen (bei gesprochenen und verschriftlichten Texten), gibt es zwischen den nach dem Bühler'schen Ansatz geordneten Textsorten zahlreiche Mischformen und Übergänge. Bei der Analyse von Texten kann das Organon-Modell insofern hilfreich sein, als sich mit ihm u.a. die Intention des Textes erfassen lässt. Wenn wir z.B. davon ausgehen, dass eine politische Rede eine appellative

11 Vgl. hierzu u.a.: G. Waldmann, *Referentielle und ästhetische Texte*, in J. Jansen, S. 33 ff.
12 Bühler selbst hat das einmal so formuliert: „Es (gemeint ist das sprachliche Zeichen, B.M.) ist Symbol kraft seiner Zuordnung zu Gegenständen und Sachverhalten, Symptom (Anzeichen, Indicum) kraft seiner Abhängigkeit vom Sender, dessen Innerlichkeit es ausdrückt, und Signal kraft seines Appells an den Hörer, dessen äußeres oder inneres Verhalten es steuert wie ein Verkehrszeichen." (zitiert nach N. Heinze/B. Schurf, *Deutschunterricht auf der Sekundarstufe II*, Text und Dialog – Grundband, Düsseldorf 1980, S. 143).

Textsorte ist, können wir bei der Analyse des Textes unseren Sinn dafür schärfen, wozu uns der Redner auffordern will und mit welchen rhetorischen (sprachlich-stilistischen) Mitteln er seine Absicht verfolgt.

2.2 Gattungen

Bei der Einteilung literarischer Texte wird heute als geläufigster Terminus der Begriff der Gattung verwendet, wobei eine Einteilung in die drei Gattungen EPIK, LYRIK und DRAMATIK vorgenommen wird.[13] Die Dreiteilung der Literatur wird dabei u. a. auf Goethe zurückgeführt, der von den „drei Naturformen der Poesie" gesprochen hat.[14]
Zudem wird der Gattungsbegriff aber auch noch verwendet, um eine Differenzierung innerhalb der einzelnen Gattungen vorzunehmen. Zur (Haupt-)Gattung EPIK gehören beispielsweise die (Unter-)Gattungen (Gattungsarten) Roman und Parabel. Diese Gattungseinteilung richtet sich nach formalen Gesichtspunkten (z. B. der Länge von Texten, wenn zwischen Großformen wie Roman und Epos und Kleinformen wie Fabel und Anekdote im Bereich der Epik unterschieden wird) oder auch nach inhaltlichen Kriterien (Unterteilung der Gattung Roman in Abenteuerroman, Reiseroman, Bildungsroman etc.), wobei allerdings eine Beziehung zwischen Form und Inhalt (Gehalt und Gestaltung) besteht.

Zwischen den einzelnen Gattungen (Gattungsformen) gibt es Übergänge; eine rein schematische Abgrenzung der Gattungen verkennt zudem das Wesen von Literatur, die sich eben nicht in das Korsett einer rein normativen Poetik zwängen lässt. Als „Arbeitsbegriff" oder „Verständigungsbegriff" für den Umgang mit Literatur ist die Verwendung des Begriffs „Gattung" aber durchweg sinnvoll. Alle drei Gattungen weisen spezifische Konstituenten (Gestaltungsmittel) auf, die sie von den jeweils anderen Gattungen abgrenzen und die bei ihrer Analyse zu berücksichtigen sind.
Die Gattung EPIK ist dadurch bestimmt, dass ein Geschehen (ein Ereignis, ein Vorgang) erzählt und durch einen oder mehrere Erzähler an den Adressaten übermittelt wird. In der Lyrik wird ein Zustand (aber auch ein Ereignis, ein Geschehen) von einem „Sprecher" erlebt und ausgesprochen, und ein LYRISCHES ICH kann zur vermittelnden Textgröße werden (stellt eine kommunikative Beziehung zwischen sich, dem Gegenstand/Sachverhalt und dem Adressaten her). Im Drama agieren

13 Dabei hat sich das Wissen durchgesetzt, „(...) dass die Trias Lyrik – Epik – Dramatik (sich) erst im Lauf des 19. Jahrhunderts zu dieser konstitutiven Geltung durchgesetzt (hat). Durchgesetzt hat sich auch das Wissen, dass der dabei wirkende Literaturbegriff zu eng ist: Nicht die schöne oder hohe Literatur oder Dichtung allein kann Gegenstand einer Gattungstypologie sein, sondern nur der ganze Umkreis überlieferter Texte in fixierter Sprache, der in der jeweiligen historischen Situation die Funktion von Literatur erfüllt." Hugo Kuhn, *Gattung*, in D. Krywalski (Hrsg.), *Handlexikon zur Literaturwissenschaft*, Bd. 1, Reinbek b. Hamburg 1978, S. 150.

14 Zitiert in G. von Wilpert, *Sachwörterbuch der Literatur*, Stuttgart 1969, S. 279.

Rollenträger ein fiktives Geschehen auf einem Schauplatz, und die Vermittlung zum Adressaten (Zuschauer) erfolgt (jedenfalls bei einem aufgeführten Drama, also einem inszenierten Stück) über die szenische Vergegenwärtigung durch Sprechen und Agieren der Figuren auf einer in einer bestimmten Weise ausgestatteten Bühne.
Da die Übergänge zwischen den Gattungen jedoch fließend sind, wie oben bereits ausgeführt, kann ein Drama z.B. lyrische Elemente enthalten (etwa die „Songs" in den Dramen von Brecht oder auch ein Chorlied) oder epische Passagen aufweisen („Botenbericht"); ein epischer Text kann wiederum „dramatische" Elemente enthalten, z.B. wenn es zum reinen Figurendialog kommt, ohne dass sich der Erzähler einschaltet. Die Ballade, die dem lyrischen Formenkreis zugerechnet wird, weist deutliche epische Elemente auf (Erzählgedicht).
Auch die „Untergattungen" der drei „Hauptgattungen" sind wiederum durch spezifische inhaltliche und/oder formale Merkmale gekennzeichnet, die sie von den jeweils anderen Gattungsformen abgrenzen und die bei einer Analyse zu berücksichtigen sind. Aber auch hierbei ist zu beachten, dass die Grenzen fließend sind und es Übergänge gibt. Somit ist eine klare Definition, v.a. weil Literatur (und die Definition von Literatur) einem historischen Wandel unterworfen ist, nicht immer möglich (auch nicht immer sinnvoll). Wenn also jetzt zum Abschluss dieses Abschnitts eine Einteilung der Gattungen modellhaft präsentiert wird, so hat dies den Charakter einer Übersicht zur Verständigung auf bestimmte Begriffe und dient einer ersten Orientierung.

EPIK	DRAMA	LYRIK
Großformen	**Grundformen**	**Formen des lyrischen Gedichts**
Epos	Tragödie (Trauerspiel)	Ode
Verserzählung	Tragikomödie	Hymne
	Komödie (Lustspiel)	
Roman		Elegie
Volksbuch		Lied
Jugendbuch		Song
		Sonett
Mittlere Formen	**Sonderformen**	**Sonderformen**
Erzählung	Volksstück	Ballade
Novelle	Schwank	Erzählgedicht

Info

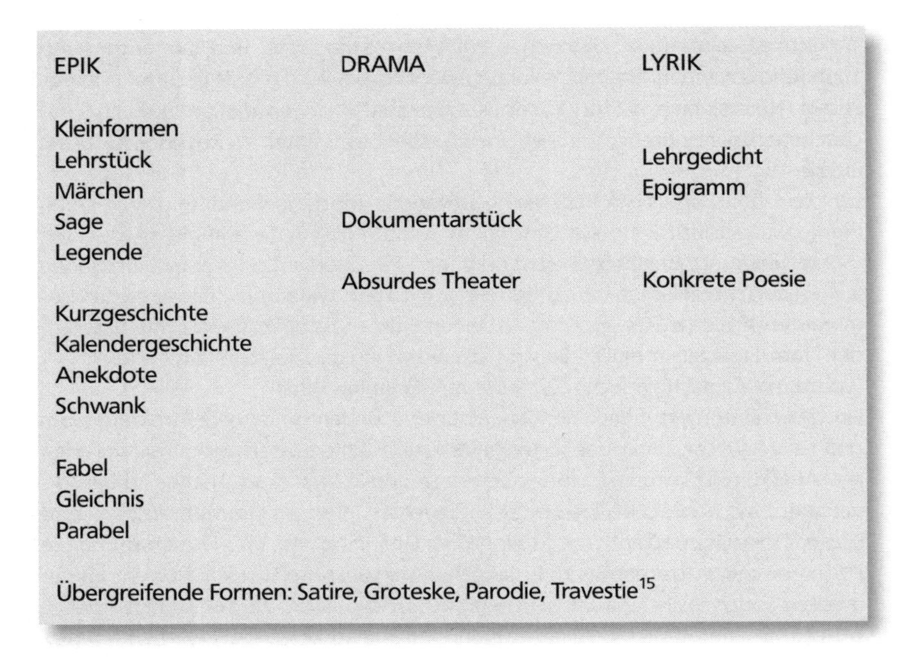

EPIK	DRAMA	LYRIK
Kleinformen		
Lehrstück		Lehrgedicht
Märchen		Epigramm
Sage	Dokumentarstück	
Legende		
	Absurdes Theater	Konkrete Poesie
Kurzgeschichte		
Kalendergeschichte		
Anekdote		
Schwank		
Fabel		
Gleichnis		
Parabel		

Übergreifende Formen: Satire, Groteske, Parodie, Travestie[15]

3. EPIK

EPIK ist zunächst ein Sammelbegriff der Literaturwissenschaft für alle Formen der erzählenden Literatur, womit gleichzeitig eine Grundsituation der menschlichen Kommunikation, nämlich das Erzählen, als Ursprung dieser literarischen Gattung angesprochen ist. Das Adjektiv „episch" greift dabei in seiner Verwendung insofern über die Gattung selbst hinaus, als damit auch Elemente der beiden anderen Gattungen bezeichnet werden können („episches Theater"). Die Wurzel des Begriffs EPIK liegt im griechischen Wort „epós" (das Gesagte, der Bericht, die Erzählung), wobei in der *Ilias* und der *Odyssee* Homers die ältesten uns bekannten schriftlich fixierten Epen überliefert sind. Die ältesten deutschsprachigen Zeugnisse epischen Schreibens sind die Ritterepen des Mittelalters, etwa das *Nibelungenlied*.

Die Grundsituation des Epischen besteht darin, dass ein Erzähler zwischen einem Ereignis der inneren oder äußeren Welt, das der Fantasie des Erzählers oder der Wirklichkeit entsprungen sein kann, und einem Leser (Hörer) vermittelt, so dass als Grundlage allen Erzählens „mithin die selbst erlebte oder von anderen berichtete

15 Übernommen aus: Biermann/Schurf, S. 99.

Wirklichkeitserfahrung"[16] gelten kann. Im Prozess des Erzählens entsteht aus der Spannung zwischen Erzählen und Erzähltem (also auch durch die Fantasie des Lesers, Hörers) eine neue Wirklichkeit. Grundstrukturen des Epischen sind das Geschehen, die Figuren, der Raum und die Zeit. Hinzu kommen zahlreiche weitere Elemente des Erzählvorgangs: „Der Erzählvorgang konstituiert sich aus einer Vielzahl von Faktoren, die in ihrer vom Autor gewählten Konstellation dem Erzählwerk sein spezifisches Gepräge geben. Außer solchen Faktoren wie Umfang, Untergliederung, Erzählrhythmus, Wahl der Perspektiven und Erzählsituationen tragen auch erzähltechnische Merkmale zur Gestaltung des Erzählwerkes bei wie etwa das Zeitgerüst, die Motivwahl, die Redeformen usw."[17] Diese Elemente werden vom Erzähler in einer jeweils spezifischen Weise geordnet und präsentiert, woraus sich unterschiedliche Darbietungsformen des Erzählens ergeben.
Eine geschlossene und allgemein anerkannte Theorie des Epischen (Erzähltheorie) gibt es bis heute nicht. Die Auseinandersetzung um die epischen Formen beginnt mit ARISTOTELES' *Poetik*. Im deutschsprachigen Raum gilt allgemein der Briefwechsel zwischen SCHILLER und GOETHE *Über epische und dramatische Dichtung* (1797) als Grundlage einer Theorie des Erzählens.[18] Die EPIK ist durch großen Formenreichtum gekennzeichnet. Neben Großformen wie dem Roman stehen mittlere Formen, wie etwa Erzählung und Novelle, sowie zahlreiche Kleinformen (Anekdote, Fabel, Kurzgeschichte) und Mischformen.[19]

3.1 Strukturmerkmale des Epischen/Bauformen des Erzählens

In den folgenden Abschnitten werden wesentliche Strukturmerkmale epischer Texte in möglichst kompakter Form erläutert. Diese Strukturelemente stehen bei einem epischen Text in einer bestimmten Abhängigkeit voneinander (Interdependenz). Ihr jeweiliges Beziehungsgeflecht ist im konkreten Text bei einer Analyse aufzuspüren und bei der Abfassung des Interpretationsaufsatzes unter Verwendung der entsprechenden Fachtermini zu erläutern. Die eingeführten Begriffe sind somit gleichzeitig Gesichtspunkte der Untersuchung (Analysegesichtspunkte) und Elemente der Darstellung.

16 W. Gewehr, *Epik*, in D. Krywalski, S. 116.
17 W. Gewehr, *Epik*, in D. Krywalski, S. 121.
18 Sieht man von dem von Goethe und Schiller gemeinsam verfassten Aufsatz („Essay") mit dem Titel *Über epische und dramatische Dichtung* ab, hat sich ihre „Erzähltheorie" v.a. im Briefwechsel über Goethes Roman *Wilhelm Meisters Lehrjahre* (1795/96) entwickelt; sie ist also nicht als ein abgerundetes und geschlossenes System aufzufassen.
19 Siehe zu diesem einleitenden Abschnitt insgesamt u.a. W. Gewehr, *Epik*, in D. Krywalski, S. 116–121, G. v. Wilpert, S. 216–218, Georg Lukács, *Die Theorie des Romans*, Neuwied und Berlin 1971, Franz K. Stanzel, *Typische Formen des Romans*, Göttingen 1969, Bernhard Rang, *Der Roman*, Freiburg 1950, Jürgen Link, *Literaturwissenschaftliche Grundbegriffe*, München 1974, Hans Ulrich Lindken (Hrsg.), *Theorie des Romans*, Stuttgart 1977.

3.1.1 Geschehen, Geschichte, Fabel, Wirklichkeitsbezug

Jeder epische Text enthält bestimmte Grundelemente: Ereignisse und Handlungen, handelnde Personen, einen Raum, in dem sich die Ereignisse und Handlungen vollziehen, und eine Zeitstruktur. Diese Elemente können aus der Wirklichkeit entnommen sein, z. B. ein Autounfall (Ereignis), an dem verschiedene Menschen beteiligt sind (handelnde Personen), der sich an einem bestimmten Ort (Raum) zu einer bestimmten Zeit bzw. in einer bestimmten zeitlichen Abfolge (Zeitstruktur) zugetragen hat. Die Elemente des epischen Textes können aber auch ausschließlich der Fantasie des Autors entsprungen sein.
In beiden Fällen wird das „Rohmaterial", das Geschehen also, in einer bestimmten Art und Weise vom Erzähler organisiert und strukturiert, so dass im Prozess des Erzählens aus dem Geschehen eine Geschichte entsteht.[20]
Durch die Auswahl aus den Elementen des Geschehens und ihre Organisation im Erzählprozess wird nicht nur ein Verlaufszusammenhang hergestellt, sondern ein ganz spezifischer Blick auf das Geschehen geworfen (die Geschichte, bleiben wir bei unserem Autounfall, kann z. B. aus der Perspektive einer beteiligten Figur oder aus der Perspektive eines Beobachters vermittelt werden; einer scheinbar neutralen Wiedergabe des Vorgangs kann eine Darstellung der Innenansicht einer der Figuren gegenüberstehen). Der Kern dieser Geschichte ist die Fabel (nicht zu verwechseln mit dem Gattungsbegriff ‚Fabel'), das komprimierte Handlungsgerüst der Geschichte (eine Inhaltsangabe erarbeitet dieses Handlungsgerüst unter Weglassung stilistischer Eigenheiten und bei Konzentration auf das Wesentliche). Ein epischer Text (eine Geschichte) fingiert Wirklichkeit selbst dann, wenn der Erzähler Elemente der realen Welt (etwa den oben genannten Autounfall, über den er in einem Zeitungsbericht gelesen hat) oder auch Elemente aus seinem eigenen Erfahrungsfeld aufgreift. Diese fingierte Welt existiert nur, wenn sie erzählt wird. Während ein Berichterstatter (also etwa ein Zeitungsreporter) Aussagen über Vorgänge und Personen (das Unfallbeispiel) macht, erzählt der Erzähler Personen und Handlungen/Vorgang und konfrontiert die Leser dadurch mit einer neuen Sicht der Wirklichkeit (z. B. durch die Erzählperspektive, durch die Darstellung der inneren Vorgänge der Handlungsfiguren). „Das epische Werk bezieht sich zwar nicht

20 In manchen Lehrwerken wird in diesem Zusammenhang mit den Begriffen „Stoff" und „Motiv" operiert. „Der Stoff, bestehend aus den Einzelelementen Figur, Geschehen und Raum, ist das inhaltliche Grundelement der epischen und dramatischen Dichtung. Der Begriff bezeichnet den sachlichen Inhalt eines Textes, das Gefüge von erzählbaren Handlungseinheiten, das, was im Text an bestimmten Geschehnissen, Personen, Zeit und Ort in einem Handlungszusammenhang steht. Der Stoff ist also geformt, konkret und individuell. (...) In dem Stoff sind die Motive bereits enthalten. Ein **Motiv** ist eine Sinn- und Geschehenseinheit, eine typische Situation, die sich immer wiederholen kann, ‚typisch', d. h. eine menschlich bedeutungsvolle Situation. (...) Bei der **Motivanalyse** kommt es (...) darauf an, die konkrete Ausgestaltung des Motivs zu beschreiben. Meistens besteht die Struktur einer Geschichte, besonders bei umfangreichen Erzählungen, aus der Verflechtung mehrerer Motive." (Uta Wernicke, *Sprachgestalten Band 2 – Lese- und Schreibweisen: Umgang mit literarischen Texten*, Hamburg 1983, S. 108/Hervorhebung im Original).

(wie etwa ein Zeitungsbericht, ein historisches Werk) als Aussage direkt auf (die) Realität, aber es ist in allen seinen Elementen, in Inhalt, Sprachform, Ideengehalt usw., deren Produkt, ist von einer bestimmten historischen Situation geprägt (und kann so auf indirektem Wege doch Aufschlüsse über die Wirklichkeit geben)."[21]
Durch die Rezeption der Geschichte wird der Leser zu einer Reaktion auf den ihm präsentierten Wirklichkeitsausschnitt aufgefordert – er wird zum Ko-Produzenten einer neuen Wirklichkeit.

3.1.2 Autor – Erzähler – Erzählsituation

Ein epischer Text wird von einem Autor (einer Autorin) verfasst, der, um es ganz profan zu sagen, mit seinem Namen (oder seinem Pseudonym) auf dem Bucheinband als Verfasser erscheint. Von dem Autor zu trennen ist der Erzähler. Beim Erzähler handelt es sich um eine vom Autor erfundene Figur, die, mehr oder weniger deutlich in Erscheinung tretend, zwischen der Welt des Erzählwerks und der Welt des Lesers vermittelt. Diese Unterscheidung ist schon alleine deshalb wichtig, weil der Erzähler Standpunkte einnehmen kann, die nicht unbedingt die des Autors sein müssen, selbst ein Ich-Erzähler ist also nicht mit dem Autoren-Ich gleichzusetzen (Günter Grass' Roman *Die Blechtrommel* beginnt mit dem Satz: „Zugegeben, ich bin Insasse einer Heil- und Pflegeanstalt (...).")[22]
Der Erzähler kann sich mit Kommentaren in das Geschehen einmischen, er kann eine neutrale Haltung einnehmen oder kann als eigenständige Figur kaum fassbar sein und sich lediglich auf die Organisation des Erzählprozesses beschränken. „Der Begriff ‚Erzähler' bezeichnet also eigentlich ein Darstellungsmittel, das der Autor beim Erzählen verwendet. Wie er den Erzähler ausstattet, mit welchen Kenntnissen, Werthaltungen und Erfahrungsmöglichkeiten, d. h. welche Erzählperspektive er wählt, entscheidet über die Struktur der erzählten Wirklichkeit."[23]

Allgemein wird zwischen drei Erzählsituationen (Erzählperspektiven) unterschieden: der auktorialen Erzählsituation, der Ich-Erzählsituation und der personalen Erzählsituation. Bei der auktorialen Erzählsituation erscheint der Erzähler als eigenständige Figur, die außerhalb des Erzählten steht (also nicht zum Personal der Geschichte gehört). Dieser „allwissende Erzähler" organisiert das Erzählte von einem Standpunkt außerhalb des Geschehens und mit Distanz. Besonders deutlich wird der auktoriale Erzähler immer dann, wenn er sich in Kommentaren und Einmengungen offenbart und sich z. B. direkt an die Leser wendet. Auch in der auktorialen Erzählsituation sind Autor und Erzähler nicht identisch, denn der auktoriale Erzähler ist eine vom Autor fingierte Vermittlungsinstanz. Bei der personalen Erzählsituation tritt die Erzählerfigur völlig in den Hintergrund; der Leser hat den

21 J. Vogt, *Wirklichkeitsbericht und fiktionales Erzählen*, in J. Jansen, S. 38.
22 G. Grass, *Die Blechtrommel*, Neuwied und Berlin 1959, S. 9.
23 U. Wernicke, *Sprachgestalten Band 2*, S. 104 (Hervorhebung im Original).

Eindruck, er befinde sich unmittelbar im Geschehen oder er sehe die Vorgänge aus der Perspektive einer beteiligten Figur. Die personale Erzählsituation ist also durch einen hohen Grad von Unmittelbarkeit geprägt. Bei der Ich-Erzählsituation gehört der Erzähler zur Welt der Erzählung. Er scheint das Erzählte unmittelbar erlebt oder aus erster Hand erfahren zu haben. Der Ich-Erzähler kann wiederum auktorial oder personal angelegt sein. Der auktoriale Ich-Erzähler organisiert als „erinnerndes Ich" mit (möglicher) Distanz das Geschehen, an dem das „erinnerte Ich" unmittelbar teilhat (so tut es etwa der Ich-Erzähler in der *Blechtrommel*, der von einem „Jetzt-Standpunkt" aus mit ironischer Distanz seine Geschichte und Vorgeschichte erzählt).[24]
Der personale Ich-Erzähler vermittelt dagegen unmittelbar das Geschehen; erzählendes und erlebendes Ich sind eins.

3.1.3 Erzählerbericht und Personenrede (Figurenrede)

Auf der Grundlage der gewählten Erzählperspektive hat der Erzähler zwei Möglichkeiten, das Erzählte darzubieten, den Erzählerbericht und die Personenrede (Figurenrede). Der Erzählerbericht umfasst alles, was nicht Personenrede ist, und diese kann wiederum in unterschiedlichen Formen auftreten. Im Erzählerbericht kann z. B. der Handlungsablauf präsentiert werden, er kann Beschreibungen enthalten (z. B. des Handlungsortes oder von Charakteren der Erzählung) oder Reflexionen des Erzählers umfassen. Der Erzählerbericht kann aber auch Gedanken, Haltungen, Meinungen, Aussagen und Empfindungen der Figuren wiedergeben oder das Erzählen selbst zum Gegenstand machen. In allen Äußerungen des Erzählerberichts wird die vermittelnde Rolle des Erzählers dem Leser transparent. Die aufgeführten Themen/Gegenstände des Erzählerberichts können allerdings auch in der Personenrede präsentiert werden; dann sind sie allerdings direkt oder indirekt wiedergegebene Äußerungen oder Gedanken der Figuren des Erzähltextes.
Eine Darbietungsform der Personenrede ist die direkte Rede, die im Erzähltext einer Figur zugeordnet wird und dann durch Anführungszeichen als wörtliche Rede gekennzeichnet ist. Ist eine Passage eines Erzähltextes durch die Wiedergabe direkter Äußerungen einer oder mehrerer Figuren gekennzeichnet, ohne dass sich der Erzähler einmischt, erhält die Passage somit eine dialogische Struktur, spricht man auch von szenischer Darstellung, weil die Figuren wie die Dialogpartner einer

24 „Ich beginne weit vor mir; denn niemand sollte sein Leben beschreiben, der nicht die Geduld aufbringt, vor dem Datieren der eigenen Existenz wenigstens der Hälfte seiner Großeltern zu gedenken. Ihnen allen, die Sie außerhalb meiner Heil- und Pflegeanstalt ein verworrenes Leben führen müssen, Euch Freundchen und allwöchentlichen Besuchern, die Ihr von meinem Papiervorrat nichts ahnt, stelle ich Oskars Großmutter mütterlicherseits vor." (Grass, *Die Blechtrommel*, Neuwied und Berlin 1959, S. 11)

Dramenszene erscheinen. Werden die Äußerungen und Gedanken der Figuren vom Erzähler referiert, verwendet er die indirekte Rede (Verben der Redewiedergabe wie: er sagte, er meinte, er dachte etc.). Werden Gedanken und Empfindungen einer Figur in der 3. Person, aber im Präteritum und im Indikativ wiedergegeben und die Hauptsatzstellung beibehalten, bedient sich der Erzähler der erlebten Rede. Ein stummes Selbstgespräch einer Figur wird im inneren Monolog präsentiert (was sowohl als direkte Rede als auch als erlebte Rede möglich ist). Werden Gedanken, Meinungen, Assoziationen und Reflexionen einer Figur quasi protokollarisch und im Moment ihres Entstehens oder ihrer Entäußerung festgehalten, wobei auch die syntaktischen Strukturen gesprengt werden können, bedient sich der Erzähler der Technik des Bewusstseinsstroms. Moderne Romane sind oft durch einen Wechsel bzw. eine Montage dieser Redeformen gekennzeichnet.

3.1.4 Personenkonstellation

Der Erzähler setzt die Personen seiner Erzählung in bestimmte Handlungszusammenhänge. Die Personen können die Handlung vorantreiben, z. B. durch Entscheidungen, die sie treffen; diese in Handlung umgesetzten Entscheidungen wirken auf die Personen zurück und verändern möglicherweise ihre Haltung oder etwa ihre Lebensumstände. Dieses Handlungsgefüge entsteht zumeist dadurch, dass die Personen Beziehungen mit anderen Personen eingehen, wobei in einem Erzähltext (ähnlich wie im Drama) Haupt- und Nebenfiguren auftreten können. Die Beziehung der Figuren untereinander, ihre Konstellation, ist nicht unwesentlich für den Gang der Handlung. Figuren (Personen) können im Verlauf der Handlung Veränderungen erfahren, sich also entwickeln, sie können aber auch statisch sein. Der Erzähler kann sie psychologisch weitgehend ausleuchten oder sie nur grob umreißen. Eine Figur kann für den Leser greifbar werden oder, selbst wenn sie die Hauptfigur ist und einen quantitativ großen Anteil an der Erzählung hat, nicht fassbar sein.[25]

Für die Vermittlung dieser Konzeption der Figur an den Leser kann sich der Erzähler der impliziten oder der expliziten Charakterisierung bedienen. Bei der expliziten (direkten) Charakterisierung erfolgt dies über Beschreibungen durch den Erzähler selbst oder durch Äußerungen der Figuren über sich selbst oder anderer Figuren über sie. Bei der impliziten Charakterisierung wird die Figur durch ihr

25 Jean-Baptiste Grenouille, die Hauptfigur in Süskinds Roman *Das Parfum*, hat zahlreiche rätselhafte Züge, so dass sie sich trotz der dominanten Stellung, die sie im Roman einnimmt, dem Leser nicht vollständig erschließt.

Äußeres (z. B. Aussehen, Kleidung), durch die Beschreibung ihres sozialen Status, durch ihr Verhalten und Handeln konturiert.[26]

3.1.5 Zeit

Ein wichtiges Gestaltungsmittel epischer Texte ist die Zeitstruktur, die einerseits durch das Verhältnis von Erzählzeit und erzählter Zeit gekennzeichnet ist, andererseits aber durch die Gestaltung der erzählten Zeit selbst bestimmt wird.
Die Erzählzeit umfasst den Zeitraum, den der Erzähler benötigt, um seine Geschichte zu erzählen (bzw. den Zeitraum, den wir benötigen, um sie zu lesen). Die erzählte Zeit umfasst den Zeitraum, den der Inhalt der Geschichte umgreift. Drei Grundbeziehungen zwischen erzählter Zeit und Erzählzeit sind möglich: Erzählte Zeit und Erzählzeit können deckungsgleich sein, dann liegt Zeitdeckung vor; dies ist z. B. in dialogischen Passagen eines Erzähltextes der Fall, wenn der Erzähler ohne sein Eingreifen und damit auch ohne als Erzähler transparent zu sein, Äußerungen der Figuren in wörtlicher Rede wiedergibt (szenische Darstellung). Die Erzählzeit kann länger sein als die erzählte Zeit; dann spricht man von Zeitdehnung, wozu es kommt, wenn der Erzähler schnell ablaufende Bewusstseinsvorgänge der Figuren oder auch Handlungsabläufe ausführlich darstellt (im Spielfilm und der Sportberichterstattung im Fernsehen entspricht diesem Zeitdehnen die ZEITLUPE).
Am häufigsten finden wir in Erzähltexten allerdings die Zeitraffung. Die Erzählzeit umgreift in diesem Fall einen großen Zeitraum auf der Ebene des Erzählten (Jean-Baptiste Grenouille, die Hauptfigur in Süskinds *Parfum*, benötigt für die Reise von Grasse nach Paris einen Monat; dieser Zeitraum wird im Roman auf der Ebene der Erzählzeit in rund drei Minuten umgriffen). Die Zeitraffung kann sukzessiv erfolgen (und dann ... und dann) oder iterativ-durativ (immer wieder/die ganze Zeit hindurch); je nach Intensität wird die sukzessive Raffung in Sprungraffung oder Schrittraffung unterschieden.
Bei der Zeitgestaltung eines Erzähltextes spielt auch die Chronologie eine Rolle. Wird eine Geschichte, also etwa das Leben einer Figur, chronologisch erzählt, folgt der Gang der Erzählung also sukzessiv dem Lebensweg der Figur, so spricht man auch von linearem Erzählen.

26 Schillers Erzähler führt seinen *Verbrecher aus verlorener Ehre* so ein: „(...) Schon von der Schule her war er für einen losen Buben bekannt. Erwachsene Mädchen führten Klagen über seine Frechheit, und die Jungen des Städtchens huldigten seinem erfinderischen Kopfe. Die Natur hatte seinen Körper verabsäumt. Eine kleine unscheinbare Figur, krauses Haar von unangenehmer Schwärze, eine plattgedrückte Nase und eine geschwollene Oberlippe, welche noch überdies durch den Schlag eines Pferdes aus ihrer Richtung gewichen war, gab seinem Anblick eine Widrigkeit, welche alle Weiber von ihm zurückscheuchte und dem Witz seiner Kameraden reichlich Nahrung bot." (F. Schiller, *Der Verbrecher aus verlorener Ehre*, Stuttgart 1966, S. 6)

Mittel der Abweichung vom „natürlichen zeitlichen Gang" des Erzählten sind Vorausdeutungen und Rückwendungen (im Film: Rückblende). Bei einer Rückwendung unterbricht der Erzähler den „Jetzt-Zeitpunkt" und greift Momente der Vergangenheit auf, was dazu dienen kann, gegenwärtige Ereignisse durch den Rückgriff auf die Vergangenheit zu deuten oder zu erklären oder Vergangenes in seiner Bedeutung für die „Jetzt-Zeit" transparent zu machen. Bei Vorausdeutungen präsentiert der Erzähler ein in der Chronologie der Ereigniskette später liegendes Moment bereits zu einem früheren Zeitpunkt.[27] Das Interesse wird bei einer Vorausdeutung von der Finalspannung zur Detailspannung verlagert.

3.1.6 Raum

Der Raum in epischen Texten ist zunächst einmal konkreter Handlungsort, also der Schauplatz der Geschichte (oder eines Teils der Geschichte), der Ort des Geschehens. Er kann als Lebensraum etwa die häuslichen oder beruflichen Umstände (Arbeitswelt) einer Figur bezeichnen oder auch als Stimmungsraum in eine Beziehung zum Inneren der Figur treten (z. B. besteht eine Wechselbeziehung zwischen der Natur als Raum und den Gefühlen Werthers in Goethes Briefroman *Die Leiden des jungen Werther*). Es kann aber auch ein Kontrast aufgebaut werden (Kontrastraum) zwischen einem Handlungsort und den erzählten Ereignissen (das ist in E. Langgässers Kurzgeschichte *Saisonbeginn* der Fall, wenn die ausführliche und idyllische Landschaftsbeschreibung zu Anfang der Kurzgeschichte im Kontrast zur Menschenwelt, dem Beginn der Judenverfolgung in einem Bergdorf, steht).
Ein Raum kann auch Symbolraum sein. „Der *Raum* ist im erzählenden Text nicht einfach der zufällige Ereignisort, sondern wird, entsprechend der Unterscheidung zwischen Geschehen und Geschichte (s. o.), im Erzählkontext mit Sinn aufgeladen. Er gewinnt eine über seine Gegenständlichkeit hinausreichende Bedeutung, tritt in Korrespondenz zum Charakter des jeweiligen Handlungsmoments und zu den Innenwelten der Personen. Im Extremfall kann eine Landschaft zum Beispiel reine ‚Seelenlandschaft' sein, das nach außen in die Dingwelt projizierte Augenblicks- oder Lebensgefühl einer Figur."[28]
Im Werk P. Süskinds haben die Handlungsräume durchweg eine symbolische Bedeutung. Grenouille aus dem *Parfum* verbringt sieben Jahre seines Lebens in einer Höhle, in der er sich nur in embryonaler Stellung, wie im Mutterleib also, aufhalten kann. Die Hauptfigur der Erzählung *Die Taube* lebt in einer engen und von den anderen Bewohnern des Hauses abgeschiedenen Dachkammer, der Kontra-

27 Im *Verbrecher aus verlorener Ehre* erfahren wir recht früh vom Schicksal des am Ende seines Lebensweges wegen seiner Untaten zum Tode verurteilen Verbrechers, weil der Erzähler unser Interesse vom Ausgang der Handlung, der Verurteilung des „Sonnenwirts" zum Tode, auf die Ursachen und Umstände der Verbrecherkarriere von C. Wolf lenken will.
28 H. Biermann/B. Schurf, S. 106 (Hervorhebung im Original).

bassspieler (*Der Kontrabaß*[29]) lebt zurückgezogen in einer völlig schallisolierten Kammer, und die Hauptfigur in der *Geschichte von Herrn Sommer* hält sich am liebsten, abgehoben von der Erde, in Baumwipfeln auf. Alle diese Räume geben dem Leser Hinweise auf das Innenleben, die Gefühlswelt der Figuren und bestimmen gleichzeitig die Handlungsweisen der Figuren mit. Bei der Analyse eines epischen Textes ist also das Beziehungsgeflecht zwischen den Ereignissen/Handlungen, den handelnden Personen, der Zeit und dem Raum zu untersuchen und zu verdeutlichen.

3.1.7 Kompositionsstruktur

Jeder epische Text hat einen Anfang und ein Ende.[30] Zwischen diesen beiden Fixpunkten wird der erzählerische (Spannungs-)Bogen entwickelt, der die Handlung in einem Raum- und Zeitgefüge vorantreibt, Personen sich entwickeln lässt und letztlich den Adressaten auch zum Weiterlesen animieren soll. Eine Geschichte kann in linearer Sukzession der Ereignisse vom Anfang bis zum Ende erzählt werden. Mit dem Einleitungssatz „Es war einmal..." beginnt ein Märchen, mit dem Satz „Und wenn sie nicht gestorben sind, dann leben sie noch heute" endet es. Der Höhepunkt des Spannungsbogens kann in der Mitte der Geschichte angesiedelt sein oder an das Ende verlagert werden; der Erzähler kann uns – etwa in einem Vorwort – zur Geschichte hinführen oder die Geschichte vom Ende her erzählen.[31] Das Ende einer Geschichte kann geschlossen, offen, überraschend oder den Erwartungen entsprechend sein.
Jeder Erzähler entscheidet sich also aufgrund der gewählten Erzählsituation und der unterschiedlichen Darstellungsformen für einen ganz bestimmten Aufbau seiner Geschichte; er verbindet die einzelnen Elemente in einer Kompositionsstruktur.
Ein wesentliches Moment ist der Handlungsaufbau, der wiederum den Spannungsbogen beeinflusst (Finalspannung/Detailspannung/Spannungssteigerung/Spannungsretardierung).[32] Die Haupthandlung kann auch in einen Rahmen (Rahmenhandlung) eingebettet sein. So beginnt Ivo Andrics Erzählung *Die Kinder* mit dem Satz: „Unser Kollege, der grau melierte Ingenieur, erzählte uns eines Abends diese Geschichte aus seiner Kindheit." Nach der Schilderung der Geschichte aus der Kindheit des Ich-Erzählers folgen dann Reflexionen über Probleme in der Kindheit,

29 Hierbei handelt es sich allerdings um einen monologischen Einakter, nicht um eine Erzählung.
30 Auch dann, wenn eine Geschichte, wie etliche Kurzgeschichten, einen „offenen Schluss" hat.
31 Schiller stellt der Geschichte des „Sonnenwirts" Christian Wolf (*Der Verbrecher...*) eine essayartige Einleitung zur Kriminologie, Psychologie und Erzähltheorie voran.
32 Zur Erläuterung ein Beispiel aus dem Film: Die im Fernsehen oft gezeigten Krimis um Kommissar Columbo stellen zu Beginn Mord und Mörder vor; wir wissen als Zuschauer also mehr als der Kommissar; die Spannung wird dadurch erzeugt, dass wir verfolgen, wie der Kommissar dem Täter auf die Spur kommt und ihn am Ende überführt.

die die vorher erzählte Geschichte verallgemeinern. Einleitungssatz und Reflexionen schließen also einen Rahmen um die Darbietung des Vorfalls aus der Kindheit des Ich-Erzählers.[33]
Der Haupthandlung eines epischen Textes kann eine Nebenhandlung bzw. eine Kontrasthandlung gegenübergestellt werden. Löst der Erzähler den (chronologischen) Aufbau in einzelne Momente auf, die aber thematisch zusammengehalten werden, so baut er den Text nach dem Montageprinzip auf.
Die Struktur eines epischen Textes kann aber auch durch die Verwendung eines Leitmotivs oder durch Symbolverwendung gekennzeichnet sein. Unter einem Motiv versteht man eine „(...) strukturelle Einheit als typische, bedeutungsvolle Situation, die allgemeine thematische Vorstellungen umfasst (...)"[34] und im Text (auf der Ebene der Geschichte) eine jeweils konkrete Ausgestaltung erfährt (ein Motiv kann z. B. Einsamkeit, Tod, Kommunikationsstörung etc. sein). Die erzählerischen Einheiten eines Textes können aber auch durch ein Symbol (Dingsymbol) als kompositorisches Mittel zusammengehalten werden. Solche Dingsymbole sind oft in Novellen zu finden, etwa die titelgebende *Judenbuche* in der bekannten Novelle von Droste-Hülshoff. Auch das *Parfum* in Süskinds gleichnamigem Roman hat neben seiner konkreten Bedeutung im Kontext des Romans (die Hauptfigur erlernt das Parfumeurshandwerk) und seiner historisch-kulturellen Dimension (wir erfahren etwas über die Herstellung und Bedeutung von Parfum im 18. Jahrhundert) eine symbolische Funktion (es verleiht Macht, ist betörend, verführerisch, flüchtig).
Die vom Erzähler verwendeten Wörter (Lexeme) eines Textes erhalten dabei im Zusammenspiel mit anderen Wörtern des Textes ihre jeweils konkrete Bedeutung und beziehen sich auf bestimmte Wirklichkeitsausschnitte. Sie bilden ein Referenzfeld. Eine durch solche Referenzfelder entstehende Struktur eines Textes (eine zusammenhängende Mitteilungsebene) nennt man Isotopieebene.

3.1.8 Wort im Kontext

Alle in einem epischen Text verwendeten Wörter (Lexeme) sind Sinnträger, insofern sie einen begrifflichen Kern (ein Denotat) haben. Jedes sinntragende Wort löst beim Adressaten allerdings auch Assoziationen/Nebenbedeutungen aus (Konnotationen).[35] Die Bedeutung eines Wortes (Lexems) ist daher sehr weit gespannt und oft vage. Erst im textlichen Zusammenhang (auf der Ebene des Sat-

33 Ivo Andric, *Die Kinder*, in: *Im Streit mit der Welt*, Sämtliche Erzählungen, München 1963, S. 246–253, zitiert nach Diskussion Deutsch, Gewalt; Heft 138, Frankfurt 1994, S. 222.
34 G. von Wilpert, S. 498.
35 Konnotationen sind oft für die Auswahl zwischen Synonymen entscheidend, etwa wenn zwischen den Begriffen Proletarier, Arbeiter, Werktätiger oder Malocher ausgewählt wird; bei der Verwendung von Schimpfwörtern spielen die mitschwingenden Konnotationen ebenfalls eine große Rolle.

zes, aber auch auf der Ebene des gesamten Textes) realisiert sich aus einer Vielzahl von Deutungsmöglichkeiten, die durch die Konnotationen möglich sind, die konkrete Bedeutung des Wortes im Text. So entstehen oft bildhafte Kontextfügungen, deren Bedeutung bei der Analyse erfasst werden muss. Bestimmte Wörter können die Funktion von Schlüsselwörtern übernehmen, die im Text eine besondere – oft auch mehrfache – Bedeutung haben. Das Wort „Saisonbeginn", das titelgebende Wort in E. Langgässers Kurzgeschichte, bezeichnet zunächst einmal den Beginn der Urlaubssaison in einem Bergdorf. Erst im Verlauf der Geschichte wird erkennbar, dass das Lexem auf eine weitere Bedeutungsebene verweist. Es beginnt die „Saison" der Judenverfolgung, was sich dem Adressaten letztlich erst am Ende der Geschichte erschließt, wenn die Erzählerin den Text eines Schildes preisgibt, dessen Installation im Verlaufe der Geschichte geschildert wird („In diesem Kurort sind Juden unerwünscht" lautet die Inschrift).

3.1.9 Stilmittel

Dem Erzähler steht ein großes Repertoire an sprachlich-stilistischen Mitteln zur Verfügung, von der Wortwahl über den Satzbau bis zur Verknüpfung der Sätze und der Organisation der inhaltlichen Aussagen. Der Stil eines Textes wird also durch die vom Autor gewählten Figuren (Wortfiguren, Satzfiguren und Gedankenfiguren), die durch Abweichungen vom üblichen Sprachgebrauch entstehen, maßgeblich bestimmt.
Übliche Zeitform des Erzählens ist das epische Präteritum. Es ist mit dem grammatischen Präteritum identisch, bekommt aber in epischen Texten insofern eine andere Bedeutung, als der Adressat das Erzählte im Prozess des Erzähltwerdens durchaus als gegenwärtig auffassen kann. Die Vergangenheitsbedeutung des Präteritums erscheint somit als aufgehoben, was bei der Verwendung des Präteritums in einem Bericht (etwa einem Zeitungsbericht) nicht der Fall ist, denn dort unterstreicht das Präteritum das Vergangensein des geschilderten Vorgangs/Ereignisses.
Diese Vermittlung von fiktionaler Gegenwärtigkeit, einer „Gegenwärtigkeit der epischen Einbildungskraft"[36], entsteht u.a. im Zusammenhang mit der Verwendung von Verben der inneren Vorgänge, die uns Einblick in das Innenleben der Figuren verschaffen (er dachte, fühlte, meinte). Verben der inneren Vorgänge sind zudem zumeist ein sicheres Indiz für die Fiktionalität eines Textes, denn nur der (allwissende) Erzähler eines fiktionalen Textes hat Einblick in die Gefühlswelt der von ihm geschaffenen Protagonisten. Auch durch die Verwendung deiktischer (verweisender) Zeitadverbien, die von einem „Jetzt"-Standpunkt aus auf Vergangenes, Gleichzeitiges oder Zukünftiges verweisen, wird die Vergangenheitsbedeu-

36 J. Vogt, *Wirklichkeitsbericht und fiktionales Erzählen*, in J. Jansen, S. 52.

tung des epischen Präteritums aufgehoben (Bsp.: Morgen kam er aus dem Urlaub zurück). Verwendet ein Erzähler das Präsens, so dient dies oftmals der Spannungssteigerung.

3.1.9.1 Wort im Text/Bild im Text

Aus der Gesamtheit der Formelemente eines literarischen Textes ergibt sich im Zusammenwirken mit den bedeutungstragenden inhaltlichen Einheiten, den Lexemen, das Bedeutungsgefüge des Textes. Anders formuliert: Wörter (Lexeme) in einem Text stehen nicht für sich, sondern ihre konkrete Bedeutung entfaltet sich erst im Textganzen.
Wenn wir den Inhalt eines Textes zusammenfassen, dann bewegen wir uns auf der Ebene des Gegenstandsbezuges der verwendeten Wörter, wir erfassen ihren semantischen Kern, das Denotat, denn wir haben eine Vorstellung von der lexikalischen Bedeutung der Wörter. Die gegebenen Denotate haben aber neben ihrem semantischen Kern weitere Bedeutungen, Nebenbedeutungen, rufen Assoziationen beim Rezipienten hervor, die Konnotationen genannt werden. Diese Konnotationen sind einerseits eng mit dem jeweiligen Denotat verbunden, es sind generelle Konnotationen, die sozusagen überindividuell im Zusammenhang mit dem Wort entstehen. Daneben bringt jeder Rezipient aber eine individuelle Konnotation ein, wenn er einen Begriff aufnimmt.[37]
Die jeweiligen Konnotationen werden wesentlich durch den Zusammenhang, in dem das Lexem sowohl auf inhaltlicher als auch auf formaler Ebene steht, beeinflusst. Erst dadurch wird ein Sinnzusammenhang hergestellt, der für die Interpretation entscheidend ist.
Diese Bedeutungskraft entfaltet sich allerdings nicht nur dadurch, dass jedes (sinntragende) Wort neben seinem denotativen Kern auch Konnotationen aufweist, sondern auch dadurch, dass Wörter und Wortgruppen im Textganzen zu Bildern gefügt sein können.
Bildliches Sprechen ist zunächst einmal eine Form „uneigentlichen Sprechens": Das Gemeinte wird also in einen sprachlichen Ausdruck, das Bild, gebracht, der die beabsichtigte Aussage veranschaulicht, versinnbildlicht. Ein Bild beruht auf der Möglichkeit der Sprache, Wörter aus einem bestimmten semantischen Bereich zu Wörtern eines anderen semantischen Bereichs in Beziehung zu setzen, also eine Übertragung vorzunehmen. Wörter werden ihrem ursprünglichen Zusammenhang entnommen und in einen neuen Zusammenhang gestellt. Die Art der Übertragung bestimmt dabei wesentlich die Gestaltung des Bildes, die konkrete Ausformung, die es annimmt.

37 Vgl. hierzu U. Wernicke, *Sprachgestalten Bd. 1*. Lese- und Schreibweisen: Sprachliches Handeln in Theorie und Praxis, Hamburg 1983, S. 20.

Die einfachste Form bildhaften Sprechens ist der Vergleich (stark wie ein Löwe). Der Vergleich ist zu erkennen an der Verwendung von Vergleichswörtern (wie, als ob). Das Vergleichswort verbindet zwei unterschiedliche Wirklichkeitsbereiche (Menschenwelt/Tierwelt) über ein gemeinsames Drittes (tertium comparationis), hier die „Kraft" (der Vergleich kann funktionieren, weil wir einem Löwen die Eigenschaft der Kraft zuordnen).
Zahlreiche Metaphern sind nichts anderes als verkürzte Vergleiche (es fehlt ein Vergleichswort), aber das tertium comparationis ist deutlich zu erkennen, Sachbereich und Bildbereich können noch getrennt erkannt werden (ein pfeilschnelles Pferd läuft so schnell wie ein Pfeil fliegt/das tertium comparationis ist die gemeinsame Eigenschaft der Geschwindigkeit, eine Übertragung zwischen Sachbereich und Bildbereich ist möglich).
Es gibt allerdings auch Metaphern, bei denen eine Übertragung zwischen Bildspender und Bildempfänger nicht mehr eindeutig nachvollziehbar und ein tertium comparationis nicht greifbar ist. Wenn es bei Mörike heißt: „Frühling lässt sein *blaues Band* wieder flattern durch die Lüfte", dann können wir uns der Metapher nur assoziativ nähern, indem wir sie in verschiedene Wirklichkeitsbereiche setzen bzw. bestimmte Elemente eines Wirklichkeitsbereiches aufgreifen (wir verbinden das Farbadjektiv blau also etwa mit dem blauen Himmel, gleichzeitig löst die Farbe „blau" bestimmte Gefühlswerte in uns aus; auch das Wort „Band" ist in seiner Bedeutung nicht eindeutig zu erfassen).[38]
Können wir uns bei der Metapher aber immerhin noch bestimmten Wirklichkeitsbereichen assoziativ nähern, ist eine Beziehung zwischen Sachbereich und Bildbereich (annähernd) herstellbar, so ist das bei der absoluten Metapher, der Chiffre, so gut wie überhaupt nicht mehr möglich. Sie ist hochgradig subjektiver Ausdruck ihres Schöpfers und entfaltet ihre Bedeutung ausschließlich im jeweiligen Textzusammenhang.
Das Symbol (Sinnbild) ist ein ausgestaltetes Bild; ein Ding oder Lebewesen trägt in einem bestimmten Zusammenhang ein komplexes Bedeutungsgefüge, es verkörpert etwas Allgemeines (das „Ding" Rose versinnbildlicht etwa die Liebe, das Kreuz versinnbildlicht die christliche Religion).
Die Allegorie stellt Parallelen zwischen einem Sachbereich und dem Bildbereich her (in bestimmten Epochen, z.B. dem Barock, wurde dazu gerne auf mythologische Figuren zurückgegriffen). Die Allegorie belebt dadurch einen abstrakten Begriff oder Gegenstand; oft geschieht das durch eine Personifikation (ein Greis – Bildbereich – steht für das Alter – den Sachbereich/das Allgemeine). Eine Personifikation liegt auch dann vor, wenn Unbelebtem/Dingen/Elementen der Natur menschliche Eigenschaften oder Verhaltensweisen zugeordnet werden. Der gegenteilige Vorgang ist die Verdinglichung.

38 Vgl. D. Erlach, S. 257.

Eine Sonderform stellt die Metonymie dar. Sie beruht nicht darauf, dass zwei Wirklichkeitsbereiche miteinander verbunden werden, sondern dass der Teil eines Ganzen (pars pro toto) für das Ganze steht (pro *Kopf* der Bevölkerung der Bundesrepublik werden jährlich x Liter Bier getrunken).
Abschließend sei darauf hingewiesen, dass die oben genannten Bildformen sowohl in ihrer Verwendung als auch in ihrer konkreten Ausgestaltung in den unterschiedlichen literaturhistorischen Epochen nicht immer auf die gleiche Weise verwendet worden sind. Bei der Entschlüsselung ihrer Bedeutung sind also auch immer, soweit es möglich ist, Rezeptionsvorgaben zu beachten.

3.1.9.2 Rhetorisch-stilistische Figuren

Folgt man der antiken Rhetorik, die unterscheidet zwischen „gutem" (rhetorischem) Reden, das auf Überzeugung und Wirksamkeit hin angelegt ist, und „richtigem" (nach den grammatischen und stilistischen Normen konstruiertem) Reden, das der Information dient, so dienen rhetorische Figuren alle dem „guten" Reden und alle rhetorischen Figuren sind somit gleichzeitig Abweichungen von Grammatik und Stilkonventionen (Idiomatik). Rhetorische Figuren entstehen durch vier Änderungsverfahren (gemessen an den Normen der Grammatik und der Stilkonvention): auswechseln, umordnen, wegnehmen und hinzufügen. Eine Ellipse entsteht z. B. dadurch, dass ein wichtiger Satzbestandteil, etwa das Subjekt oder Teile des Prädikats, weggelassen wird (wegnehmen). Ein Euphemismus liegt vor, wenn ein negativ besetzter Sachverhalt durch einen beschönigenden Ausdruck umschrieben wird (auswechseln). Ein Hyperbaton ist gekennzeichnet durch die Trennung einer zusammengehörigen Wortgruppe (umordnen), eine Periphrase liegt vor, wenn ein Begriff (ein Gegenstand, eine Handlung) durch mehrere Wörter beschrieben wird (hinzufügen).
Ein Ordnungsschema ergibt sich, wenn man die rhetorischen Figuren nach den Bereichen systematisiert, aus denen sie stammen: lexikalischer Bereich (Abweichung vom üblichen Wortgebrauch), syntaktischer Bereich (Abweichung vom üblichen Satzbau), kompositorischer Bereich (Abweichung von der üblichen Gliederung des Gedankengangs).[39] Unabhängig vom Ordnungssystem ist aber zu beachten, dass rhetorische Figuren immer auf Wirkung abzielen und es bei der Textanalyse darauf ankommt herauszuarbeiten, welche Funktion sie im Textganzen haben (Adressatenbezug).

39 Siehe hierzu u. a. H. Schlüter, S. 25 f.; eine andere Einteilung der rhetorischen Figuren ergibt sich, wenn man sie z. B. nach ihrer Funktion ordnet, die sie im Textganzen haben; neben Figuren der syntaktischen und semantischen Ebene gibt es dann Figuren mit „pragmatischem" Charakter, Figuren mit „Publikumsbezug".

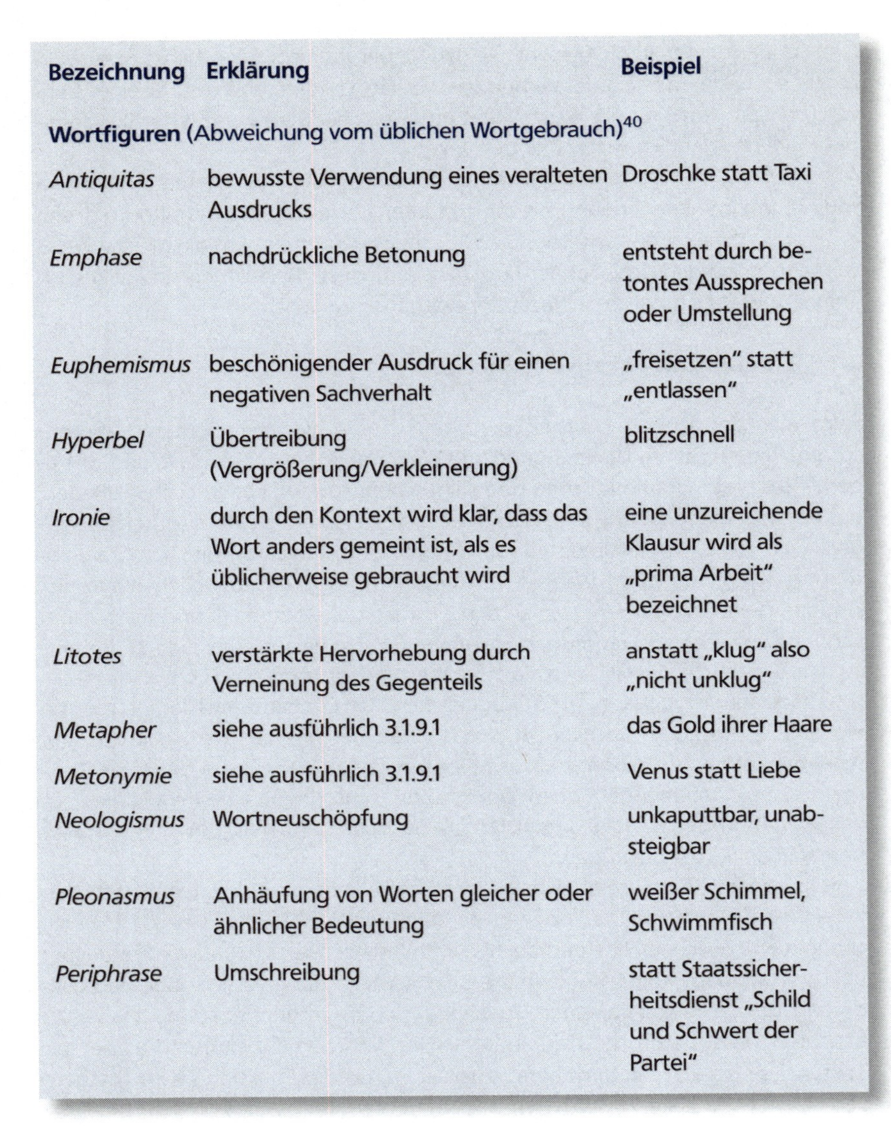

Bezeichnung	Erklärung	Beispiel
Wortfiguren (Abweichung vom üblichen Wortgebrauch)[40]		
Antiquitas	bewusste Verwendung eines veralteten Ausdrucks	Droschke statt Taxi
Emphase	nachdrückliche Betonung	entsteht durch betontes Aussprechen oder Umstellung
Euphemismus	beschönigender Ausdruck für einen negativen Sachverhalt	„freisetzen" statt „entlassen"
Hyperbel	Übertreibung (Vergrößerung/Verkleinerung)	blitzschnell
Ironie	durch den Kontext wird klar, dass das Wort anders gemeint ist, als es üblicherweise gebraucht wird	eine unzureichende Klausur wird als „prima Arbeit" bezeichnet
Litotes	verstärkte Hervorhebung durch Verneinung des Gegenteils	anstatt „klug" also „nicht unklug"
Metapher	siehe ausführlich 3.1.9.1	das Gold ihrer Haare
Metonymie	siehe ausführlich 3.1.9.1	Venus statt Liebe
Neologismus	Wortneuschöpfung	unkaputtbar, unabsteigbar
Pleonasmus	Anhäufung von Worten gleicher oder ähnlicher Bedeutung	weißer Schimmel, Schwimmfisch
Periphrase	Umschreibung	statt Staatssicherheitsdienst „Schild und Schwert der Partei"

40 Vgl. u. a. H. Schlüter, S. 30–47; Heinze/Schurf, S. 320 f.; Hermes/Steinbach u. a., S. 71–73.

Bezeichnung	**Erklärung**	**Beispiel**
Satzfiguren (Abweichungen vom üblichen Satzbau)		
Anakoluth	Satzstörung, z. B. durch Einschub oder Satzbruch	deine Mutter glaubt nie, dass du vielleicht erwachsen bist und kannst allein für dich leben
Anapher	Wiederholung eines Wortes oder einer Wortgruppe am Anfang mehrerer aufeinander folgender Verse, Sätze oder Satzteile	Wer nie sein Brot mit Tränen aß, / Wer nie die kummervollen Nächte / …
Chiasmus	Symmetrische Überkreuzstellung von Satzgliedern, die sich syntaktisch oder bedeutungsmäßig entsprechen	Die Kunst ist lang, und kurz ist unser Leben.
Ellipse	Auslassung eines (oder mehrerer) für die vollständige syntaktische Konstruktion notwendigen Worts, das aber aus dem Sinnzusammenhang erschlossen werden kann	Was (*machen wir*) nun? (*wird ausgelassen*)
Hyperbaton	künstliche Trennung einer zusammengehörigen Wortgruppe	Vater habe ich und Mutter verloren.
Klimax	Anordnung einer Wort-oder Satzreihe nach steigerndem Prinzip	Ich kam, ich sah, ich siegte!
Parallelismus	Wiederholung derselben Satzteilreihenfolge in mehreren aufeinander folgenden Sätzen	Heiß ist die Liebe, kalt ist der Schnee.
Zeugma	Verbindung mehrerer gleichgeordneter Wörter mit einem anderen, ihnen syntaktisch übergeordneten Wort, das aber seiner genauen Bedeutung nach nur zu je einem der Wörter passt	Er warf dem Kind einen Blick und einen Ball zu.

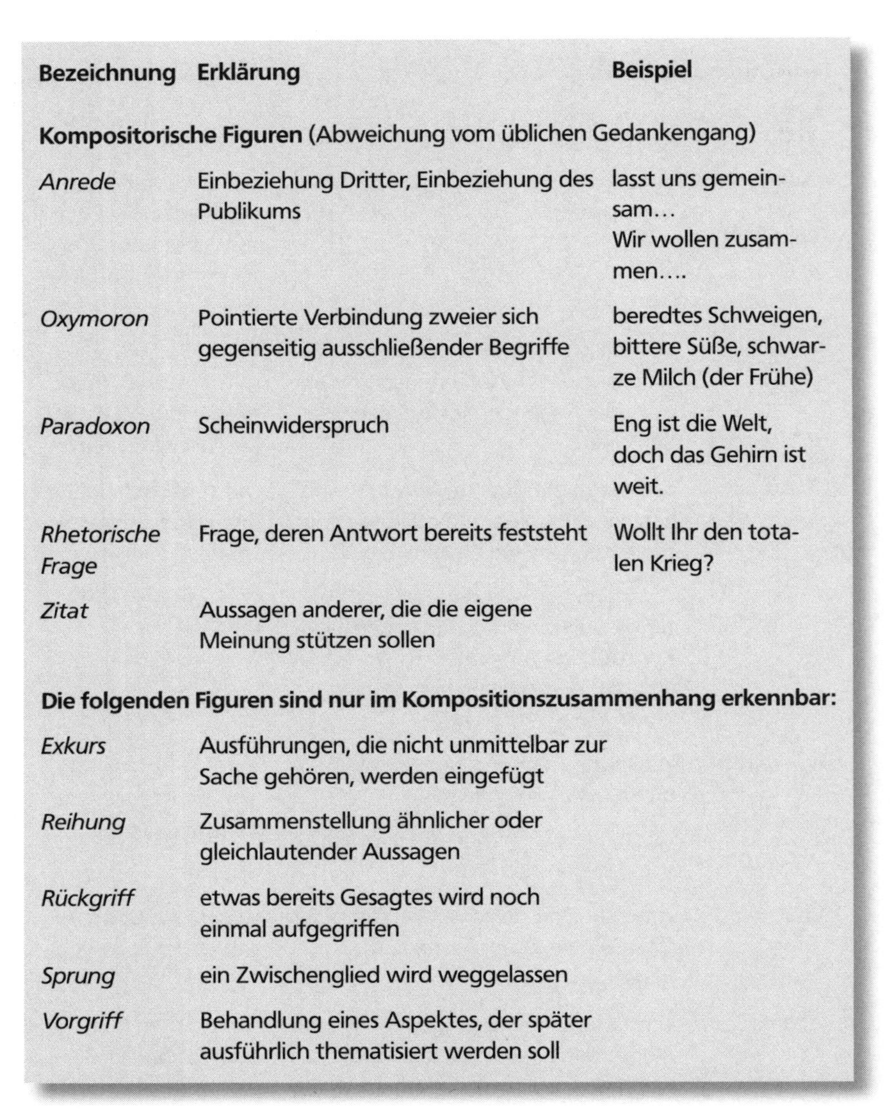

Bezeichnung	Erklärung	Beispiel
Kompositorische Figuren (Abweichung vom üblichen Gedankengang)		
Anrede	Einbeziehung Dritter, Einbeziehung des Publikums	lasst uns gemeinsam… Wir wollen zusammen….
Oxymoron	Pointierte Verbindung zweier sich gegenseitig ausschließender Begriffe	beredtes Schweigen, bittere Süße, schwarze Milch (der Frühe)
Paradoxon	Scheinwiderspruch	Eng ist die Welt, doch das Gehirn ist weit.
Rhetorische Frage	Frage, deren Antwort bereits feststeht	Wollt Ihr den totalen Krieg?
Zitat	Aussagen anderer, die die eigene Meinung stützen sollen	
Die folgenden Figuren sind nur im Kompositionszusammenhang erkennbar:		
Exkurs	Ausführungen, die nicht unmittelbar zur Sache gehören, werden eingefügt	
Reihung	Zusammenstellung ähnlicher oder gleichlautender Aussagen	
Rückgriff	etwas bereits Gesagtes wird noch einmal aufgegriffen	
Sprung	ein Zwischenglied wird weggelassen	
Vorgriff	Behandlung eines Aspektes, der später ausführlich thematisiert werden soll	

3.1.10 Gattungsformen

Einleitend ist bereits darauf hingewiesen worden, dass die Gattung EPIK eine Fülle von Formen hervorgebracht hat. Die folgenden Erläuterungen dienen einer ersten Orientierung über *einige Formen* der Epik.[41] Die Einteilung der einzelnen Gattungsformen folgt dabei der in Abschnitt 2.2 präsentierten Übersicht.
Als wichtigste Großform der Epik ist der Roman zu nennen, der im Laufe seiner Geschichte vielfältige Ausformungsvarianten (inhaltlicher und struktureller/formaler Art) erfahren hat (Schelmenroman, Abenteuerroman, Bildungs- und Entwicklungsroman, Künstlerroman, sozialer Roman, Briefroman, Kriminalroman, utopischer Roman, Großstadtroman, Schlüsselroman, Reiseroman). Der Roman unterscheidet sich von den kleineren und mittleren Formen der Epik nicht nur durch seinen Formenreichtum, sondern auch durch den größeren Umfang, die Vielfältigkeit der zur Verwendung kommenden Erzähltechniken und die Komplexität der (möglichen) Kompositionsstrukturen. Der Roman „(...) richtet den Blick auf die einmalig geprägte Einzelpersönlichkeit oder eine Gruppe von Individuen mit ihren Sonderschicksalen in einer wesentlich differenzierteren Welt, in der nach Verlust der alten Ordnungen und Geborgenheiten die Problematik, Zwiespältigkeit, Gefahr und die ständigen Entscheidungsfragen des Daseins an sie herantreten und die ewige Diskrepanz von Ideal und Wirklichkeit, innerer und äußerer Welt, bewusst machen. (...). (Das) in das Weltgeschehen eingebettete Schicksal spielt sich in ständig erneuter Auseinandersetzung mit den äußeren Formen und Mächten ab, ist ständige individuelle Reaktion auf die Welteindrücke und -einflüsse und damit ständige eigene Schicksalsgestaltung."[42]
Unter den mittleren Formen ist die Novelle zu nennen, die ebenfalls verschiedene Typen hervorgebracht hat (z. B. Kriminalnovelle, historische Novelle, Charakternovelle). Die Novelle konzentriert sich bei der Darstellung des Geschehens zumeist auf Krisensituationen; Wendepunkte (Höhe- oder Drehpunkte) der Handlung sind oftmals mit einem „Dingsymbol" verknüpft (das bereits genannte Beispiel der *Judenbuche*). Das Erzählte wird weitaus straffer als beim Roman entwickelt (Spannungsbogen mit Höhepunkt/Höhepunkten). Die Novelle, literaturhistorisch ein Kind des 19. Jahrhunderts, verliert im 20. Jahrhundert zugunsten der Erzählung an Bedeutung, die – weniger umfangreich als der Roman – ähnlich vielfältige Varianten des Erzählens wie dieser entwickelt und sich damit von der stärkeren Formgesetzlichkeit der Novelle löst.
Von den Kleinformen der Epik sollen hier zunächst Fabel und Parabel genannt werden; beide Formen werden (zumeist) in didaktischer (lehrhafter) Absicht verfasst. Die Fabel vermittelt eine allgemeine Wahrheit, eine moralische Lehre oder

41 Eine ausführliche Beschäftigung mit den einzelnen Gattungen muss im Unterricht bzw. in häuslicher Arbeit (Studium einschlägiger Fachliteratur) erfolgen.
42 G. von Wilpert, S. 650.

eine Lebensweisheit in uneigentlicher Darstellung, insofern sie menschliche Verhaltensweisen oder Gewohnheiten auf die belebte oder unbelebte Natur, z.B. die Tierwelt, überträgt und dabei menschliche Handlungen und Verhaltensweisen oftmals satirisch verspottet. Dabei setzen Tierfabeln die „Charaktereigenschaften" bestimmter Tiere als bekannt voraus (der Fuchs gilt als listig, die Gans als dumm, die Schlange als hinterhältig, der Löwe als mutig).
Bei der Parabel ist die Bildebene von der Sachebene zu unterscheiden. Der konkrete Text, die Geschichte, stellt die Bildebene dar; der Rezipient muss diese Bildebene auf die Sachebene übertragen, um die Bedeutung der Parabel erfassen zu können (Analogieschluss).
In der Kurzgeschichte[43], die in Deutschland den Höhepunkt ihrer Entwicklung in den ersten beiden Dekaden nach dem 2. Weltkrieg hatte, wird zumeist ein kurzer Ausschnitt aus dem Leben durchschnittlicher Protagonisten vorgestellt, der aber für sie oftmals von existenzieller Bedeutung ist und sie vor Entscheidungen stellt. Der Wirklichkeitsausschnitt ist zumeist klein (etwa die Alltagswelt), die Charakterisierung der Figuren ist nur angedeutet. Kurzgeschichten beginnen oft unmittelbar (ohne Einleitung) und weisen zumeist ein „offenes Ende" auf.[44]

3.2 Aspekte der Textanalyse/Analyseraster

Der folgende Abschnitt stellt in einer Übersicht die in 3.1 ausführlich erläuterten Textkonstituenten noch einmal im Sinne eines Analyserasters zusammen und ist um „außertextliche Bezüge" ergänzt. Bei einer Analyse müssen – je nach Aufgabenstellung – nicht immer alle Aspekte (gleichgewichtig) zum Tragen kommen. Vielmehr ist für die Interpretation zu beachten, dass das Zusammenspiel der einzelnen Textkonstituenten in ihrer Bedeutung für die Intention (den Aussagegehalt) des Textes erarbeitet werden muss. Eine rein additive Auflistung von Einzelergebnissen der Untersuchung ist noch keine Analyse/Interpretation! Dieses Analyseraster dient den in 1.1 aufgeführten Vorarbeiten; das durch die Analyse gewonnene Material muss zu einem Interpretationsaufsatz gestaltet werden (Hinweise dazu finden sich in 1.2).

43 Zur Geschichte und Gattungstypologie der Kurzgeschichte siehe u.a. B. Matzkowski/E. Sott, *Basisinterpretationen für den Literatur- und Deutschunterricht der Sekundarstufen*, Bd. 4, Hollfeld 1991, besonders S. 7–17.

44 Vgl. zu den Abschnitten 3.1.1–1.1.10, soweit nicht in den Zitatangaben angeführt, v.a.: U. Wernicke, *Sprachgestalten Band 1*, S. 104–108, H. Biermann/B. Schurf, S. 105–107, E. Hermes, *Abiturwissen: Prosa*, Stuttgart 1988, R. Gollnick/H. Houben/T. Pelster/S. Weinmann, *Grundlagen mündlicher und schriftlicher Kommunikation*, Düsseldorf 1975, S. 37–58, J. Jansen, S. 39–56.

3.2.1 Analyse der Makrostruktur des Textes

➡ Analyse der Geschichte
Was ist Thema/Gegenstand/Inhalt?
Welches Problem/welche Fragestellung wird behandelt?
Welchen Wirklichkeitsbezug weist die Geschichte auf?

➡ Analyse der Erzählsituation
Welche Erzählsituation herrscht vor?
Welche Rolle spielt der Erzähler?

➡ Analyse der Darbietungsformen
Welcher Darbietungsform(en) bedient sich der Erzähler?
Welche Formen der Personenrede werden verwendet?

➡ Analyse der Personenkonstellation und der Charakterisierung der Personen
Welche Haupt- und Nebenfiguren tauchen auf?
Welche Konzeption der Figuren wird deutlich?
Wie werden sie charakterisiert?
In welcher Beziehung stehen die Figuren zueinander?

➡ Analyse von Erzählzeit und erzählter Zeit
Wie ist das Verhältnis von erzählter Zeit und Erzählzeit gestaltet?
Wie ist die erzählte Zeit strukturiert?
Welche Beziehung besteht zwischen der Gestaltung der Zeit und dem Spannungsbogen?

➡ Analyse des Raums
Welches ist der Handlungsort?
Was sagt er über/wie bestimmt er das Leben der Figuren?
Wird eine symbolische Bedeutung des Raums erkennbar?

➡ Analyse der Kompositionsstruktur
Ist eine inhaltliche Gliederung erkennbar (Handlungsaufbau/Spannungsbogen)?
Gibt es eine Rahmenhandlung und/oder Nebenhandlungen?
Ist der Aufbau des Textes durch ein Motiv/Motive bestimmt?
Wird der Text durch ein Symbol zusammengehalten und in seinem Aufbau bestimmt?

3.2.2 Analyse der Mikrostruktur

➡ Analyse der syntaktischen Strukturen
Welcher Art und von welcher Länge sind die Sätze?
Gibt es Satzreihen/Satzgefüge?
Gibt es Satzbrüche?
Ist das syntaktische Gefüge eher komplex oder eher einfach strukturiert?

- ➡ Analyse der semantischen Felder
  Welche Wortfelder herrschen vor?
  Gibt es Schlüsselwörter?
  Welche Konnotationen wecken bestimmte verwendete Denotate?
  Gibt es bildhafte Kontextfügungen?
  Welche Sprachebene ist gewählt?
  (Umgangssprache/Hochsprache/Gossensprache etc.)
- ➡ Analyse sprachlich-stilistischer Besonderheiten/rhetorischer Mittel
  Welche sprachlich-stilistischen/rhetorischen Mittel werden verwendet?
  Lässt sich ein „Grundton" erkennen? (Ist der Erzähler sachlich-distanziert? Herrscht ein lakonischer/ironischer Grundton vor?)
- ➡ Analyse des Tempusgebrauchs

3.2.3 Analyse „außertextlicher" Bezüge in ihrer Auswirkung auf den konkreten Text

- historische, soziologische, politische Einbettung des Textes
- literaturgeschichtliche/literaturtheoretische Einbettung des Textes
- Vorwissen über den Autor (Biografie, Werkgeschichte)
- Kenntnis von anderen Texten des Autors oder Kenntnis von Texten anderer Autoren zum gleichen Thema/Motiv

Info

Handelt es sich bei dem zu analysierenden Text um den Ausschnitt aus einem größeren Werk (Teil einer Erzählung/Kapitel eines Romans), so ist der zu analysierende Abschnitt natürlich in das Gesamtwerk einzubetten und in seiner Funktion für das Ganze deutlich zu machen.

3.3 Analysebeispiel[45]

Analyse einer Parabel

➩ Hinweis zur Anlage der Interpretation/Vorentscheidung: textbegleitende Interpretation/Ergebnisdarstellung (siehe 1.2.1 und 1.2.2)

Franz Kafka
Gibs auf [46]

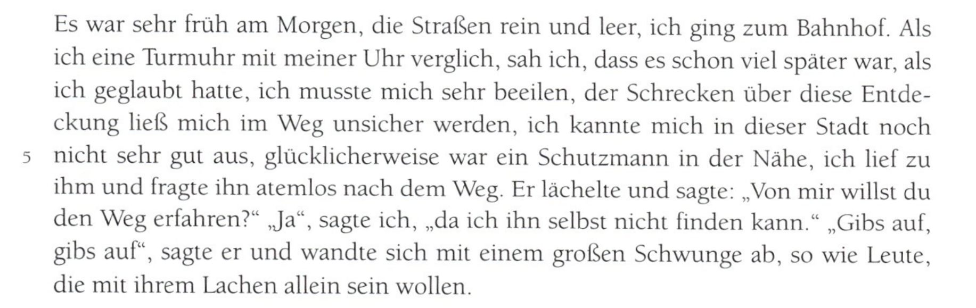

Es war sehr früh am Morgen, die Straßen rein und leer, ich ging zum Bahnhof. Als ich eine Turmuhr mit meiner Uhr verglich, sah ich, dass es schon viel später war, als ich geglaubt hatte, ich musste mich sehr beeilen, der Schrecken über diese Entdeckung ließ mich im Weg unsicher werden, ich kannte mich in dieser Stadt noch 5 nicht sehr gut aus, glücklicherweise war ein Schutzmann in der Nähe, ich lief zu ihm und fragte ihn atemlos nach dem Weg. Er lächelte und sagte: „Von mir willst du den Weg erfahren?“ „Ja“, sagte ich, „da ich ihn selbst nicht finden kann.“ „Gibs auf, gibs auf“, sagte er und wandte sich mit einem großen Schwunge ab, so wie Leute, die mit ihrem Lachen allein sein wollen.

Aus: Reinhard Dithmar (Hg.), Fabeln, Parabeln und Gleichnisse/Beispiele didaktischer Literatur, dtv-Bibliothek Bd. 6092, München 1978, S. 295.

Franz Kafkas Text *Gibs auf*, der 1936 von Max Brod in dem Sammelband *Beschreibung eines Kampfes* veröffentlicht worden ist, konfrontiert uns zunächst mit einer alltäglichen Situation, um dann in einem Paradoxon zu enden, das rätselhaft ist und Fragen aufwirft. Da es sich bei dem Text von Kafka um eine Parabel handelt, werde ich zunächst versuchen, die Bildebene des Textes zu erläutern, um dann anschließend eine Übertragung auf die Sachebene vorzunehmen. Dabei greife ich zur Deutung u. a. auf biografische Momente aus Kafkas Leben zurück.

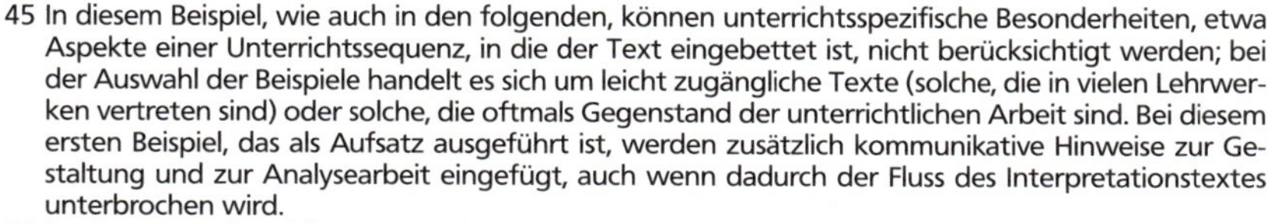

45 In diesem Beispiel, wie auch in den folgenden, können unterrichtsspezifische Besonderheiten, etwa Aspekte einer Unterrichtssequenz, in die der Text eingebettet ist, nicht berücksichtigt werden; bei der Auswahl der Beispiele handelt es sich um leicht zugängliche Texte (solche, die in vielen Lehrwerken vertreten sind) oder solche, die oftmals Gegenstand der unterrichtlichen Arbeit sind. Bei diesem ersten Beispiel, das als Aufsatz ausgeführt ist, werden zusätzlich kommunikative Hinweise zur Gestaltung und zur Analysearbeit eingefügt, auch wenn dadurch der Fluss des Interpretationstextes unterbrochen wird.

46 Zur Interpretation siehe u. a. H. Politzer, *Eine Parabel Franz Kafkas – Versuch einer Interpretation*, in T. Pelster, *Epische Kleinformen – Methoden der Interpretation*, Düsseldorf 1976, S. 89 ff., T. Kieliger, *Von mir willst Du die Antwort erfahren? – Über einen unbekannten Text des Prager Dichters*, in U. Wernicke, *Sprachgestalten Bd. 1*, S. 18 ff, Klaus Wagenbach, *Kafka*, Reinbek bei Hamburg 1976.

Der Abschnitt erfüllt die Funktion der *Einleitung*; er präsentiert *zusätzliche Informationen zum Text*, formuliert eine *Arbeitshypothese* und gibt Hinweise auf die *geplante Vorgehens- und Darstellungsweise*, die hier aus der *Gattungstypologie* abgeleitet ist.

Kafkas Text beginnt mit einer Dreierfigur, die einleitenden Charakter hat und Zeit, Ort und Handlungsfigur benennt. Drei Hauptsätze, der mittlere elliptisch, da ein Teil des Prädikats fehlt, werden, durch Kommata getrennt, aneinandergereiht und schildern die Ausgangssituation (Es war sehr früh am Morgen, die Straßen rein und leer) und die Tätigkeit des Ich-Erzählers (ich ging zum Bahnhof). Der Hinweis auf die „reinen" und „leeren" Straßen vermittelt den Eindruck, der Ich-Erzähler komme, ungestört vom Trubel einer bereits erwachten Stadt, zügig auf dem Weg zu seinem Ziel voran. Bereits im folgenden Abschnitt des Textes wird deutlich, dass die Normalität und die Selbstverständlichkeit, die die ersten drei Sätze vermitteln, trügerisch sind. Obwohl der Ich-Erzähler offensichtlich sehr früh und damit rechtzeitig zu seinem Ziel aufgebrochen ist, wie der erste Satz suggeriert, gerät er nach dem Vergleich seiner Uhr mit einer Turmuhr sofort in Panik, weil er wie selbstverständlich vorauszusetzen scheint, dass seine Uhr falsch geht und er sich beeilen muss (sah ich, dass es schon viel später war, als ich geglaubt hatte). Er gerät nicht nur in Hektik, sondern verliert die Orientierung (ich musste mich sehr beeilen, der Schrecken über diese Entdeckung ließ mich im Weg unsicher werden). Der Ich-Erzähler erscheint somit nun nicht mehr als gefasst und ruhig, wie noch zu Beginn, sondern als labil. Er reagiert nicht „angemessen" auf die Entdeckung der (ja nur vermeintlichen) Verspätung, indem er etwa sein Schritttempo leicht erhöht, sondern er bekommt sogleich einen „Schrecken" und meint, er müsse sich „sehr beeilen", ohne dass er uns etwas über die Differenz zwischen vermeintlicher und tatsächlicher Zeit, die Zeitspanne also, die ihm zur Verfügung steht, um sein Ziel noch pünktlich zu erreichen, vermittelt. Zusätzlich fügt er eine „Erklärung" für seine unangemessene Reaktion und seine Desorientierung an (ich kannte mich in dieser Stadt noch nicht sehr gut aus). Der Gefühlszustand des Ich-Erzählers ändert sich leicht, als er „glücklicherweise" einen „Schutzmann" erblickt; dennoch bleiben seine Handlungen insgesamt durch den „Schrecken" geprägt; denn obwohl der Schutzmann in der „Nähe" ist, *geht* der Ich-Erzähler nicht auf diesen zu, sondern er *läuft* paradoxerweise auf ihn zu (lief zu ihm hin) und fragt ihn „atemlos" nach dem Weg. In wenigen Momenten hat der Ich-Erzähler also seine Gangart vom ruhigen Gehen ins atemlose Laufen gesteigert, hat sich seine (scheinbare) Ruhe in völlige Verunsicherung gewandelt. Aus der scheinbar vertrauten Stadt (der Weg von seinem Aufbruchsort zum Bahnhof scheint ja kein Problem für den Ich-Erzähler darzustellen) wird nun plötzlich ein unbekannter Ort. Die Ruhe und Reinheit der Straßen, die zunächst als positiv erscheinen, erweisen sich jetzt sogar als Problem (an niemanden kann sich der Ich-Erzähler wenden), so dass es als Glücksfall empfunden wird, dass ausgerechnet ein ja wohl ortskundiger und hilfsbereiter

Polizist seinen Dienst auf dem Weg zum Bahnhof verrichtet. Der Gefühlsumschwung des Ich-Erzählers wird dabei in wenigen Zeilen vermittelt. Der gesamte Abschnitt von der Entdeckung der Turmuhr bis zur Entdeckung des „Schutzmannes" rollt in wenigen Parataxen (Ausnahme: ein Satzgefüge zu Beginn) ab, ohne dass die Sätze durch einen Punkt unterbrochen werden; diese Reihung vermittelt auf der Ebene der syntaktischen Strukturen etwas von dem Gehetztsein des Ich-Erzählers. Wie dieser nicht auf die simple Idee kommt, zunächst einmal stehen zu bleiben, sich zu orientieren, seine Uhr zu überprüfen, Atem zu holen und Halt zu machen, so fließen auch die Sätze, ohne Halt zu machen, dahin. Auf der Ebene der Zeitstruktur des Textes findet dies seine Entsprechung in der starken Zeitraffung, denn Erzählzeit und erzählte Zeit weichen in der linear erzählten Parabel nicht unbeträchtlich voneinander ab. Mit dem Eintritt in die Kommunikationssituation beginnt ein neuer Abschnitt der Parabel, die zunächst eine Wendung zum Positiven zu nehmen scheint, da der Schutzmann die Frage des Ich-Erzählers mit einem Lächeln aufnimmt. Dass dieses Lächeln trügerisch ist, erweist sich im Schlussabschnitt der Parabel, dem ich mich nun zuwenden werde und in dem der bisher vorherrschende Erzählerbericht durch Figurenrede ergänzt wird.

Anmerkungen zur *Gliederung des Textes*, Funktion der drei einleitenden Sätze, *Charakterisierung* der Hauptfigur, Beziehung zwischen *syntaktischer Struktur* und *Inhalt/Aussageabsicht*, Erläuterung *konnotativer Bedeutungen am Beispiel* der „reinen" und „leeren" Straßen, *Hinweis zur Metakommunikation*: Abschnitt der Interpretation abgeschlossen/Vorausschau auf den nächsten Abschnitt der Arbeit-, Bestimmung der *Erzählsituation* und der *Darstellungsform*.

Der Schutzmann lässt seiner nonverbalen Reaktion auf die Frage des Ich-Erzählers, dem Lächeln, eine verbale Antwort folgen, die allerdings aus einer Gegenfrage besteht: „Von mir willst du den Weg erfahren?" Muss schon als verwunderlich erscheinen, dass der Ordnungshüter dem Ich-Erzähler nicht sachdienlich hilft, sondern ihn zunächst einmal rhetorisch „auflaufen" lässt, so ist es geradezu befremdlich zu nennen, dass der Schutzmann zudem als Anredeform das „Du" benutzt. Setzt man einmal voraus, dass es sich nicht um ein „Du" handelt, das Vertrauen und Nähe ausdrückt – dies stünde im Widerspruch zur Gegenfrage des Polizisten – so kann dieses „Du" nur ein „Du" sein, wie man es vermeintlich (oder tatsächlich) Schwächeren gegenüber anwendet, die man nicht als gleichwertig akzeptiert. Der Ich-Erzähler schiebt nun eine Begründung für seine Frage nach, die seine Hilflosigkeit deutlich macht: „Ja, da ich ihn selbst nicht finden kann." Er akzeptiert also nicht nur die Kommunikationsebene, die durch das „Du" zum Ausdruck kommt, sondern er verbalisiert in schonungsloser Offenheit seine Desorientierung. Spätestens jetzt wird deutlich, dass das Lexem Schutz-Mann wohl mit Bedacht gewählt worden ist, nicht also das Wort Polizist oder Polizeibeamter. Der Ich-Erzähler sucht Schutz in einer für ihn unüberschaubaren Situation, aber der Adressat seines

Schutzbedürfnisses weist ihn ab. „Gibs auf, gibs auf" schiebt der Schutzmann nach, wobei offen bleibt, ob die Verdoppelung lediglich den Imperativ verstärken soll oder ob sie Reaktion des Schutzmanns auf die seiner Meinung nach vielleicht sehr große Begriffsstutzigkeit und Uneinsichtigkeit bzw. Naivität des Ich-Erzählers ist. Der Schutzmann belässt es allerdings nicht bei dieser für den Ich-Erzähler schon katastrophalen Antwort, die alle seine Hoffnungen zerstören muss, sondern steigert die Abweisung und Demütigung des Ich-Erzählers noch auf der nonverbalen Ebene. Er wendet dem Ich-Erzähler abrupt den Rücken zu („... wandte sich mit einem großen Schwunge ab, so wie Leute, die mit ihrem Lachen allein sein wollen."). Die Hoffnungen des Ich-Erzählers auf Hilfe werden also dreifach zerstört, verbal durch den doppelten Imperativ, gestisch durch das Abwenden und mimisch (lautlich) durch das Lachen, zu dem sich das anfängliche Lächeln, das nun als boshaft und zynisch gedeutet werden kann, entwickelt hat. Der Ich-Erzähler bleibt hilflos und enttäuscht, allein und ohne Hoffnung zurück. Der Spannungsbogen der Geschichte ist auf diesen Schluss hin komponiert, denn konsequenterweise folgt nach der Schilderung der Geste des Schutzmannes kein weiterer Satz; die Geschichte klingt damit aus, aber das (boshafte) Lachen klingt nach, bohrt sich in die Erinnerung, denn verlacht zu werden, ist eine tiefe Demütigung, die nachhaltig wirkt.

Arbeit an der Entschlüsselung von *Wörtern im Kontext* (Schutzmann, Du), Aufgreifen *stilistischer Figuren im Bereich Syntax* (Imperativ), Beziehung zwischen Inhalt und Form.

Bevor ich mich der Sachebene zuwende, möchte ich noch einmal einige Elemente der Bildebene im Zusammenhang aufgreifen und ansatzweise deuten. Der Text verdeutlicht in wenigen Zeilen die katastrophale Situation des Ich-Erzählers in einer zunächst als völlig normal erscheinenden Alltagssituation (ein Mensch am frühen Morgen auf dem Weg zum Bahnhof). Die alltägliche Welt wird als völlig unübersichtlich empfunden, ein kleines Problem wächst sich zu einer Krise ungeahnten Ausmaßes aus. Hilfe für den Ich-Erzähler gibt es nicht, vielmehr leitet derjenige, von dem Hilfe (Schutz) erwartet wird, die Katastrophe eigentlich erst ein. Neben dem Scheitern auf einer sachlichen Ebene (einen Weg finden) steht das Scheitern auf menschlicher Ebene (eine missglückte Kommunikation). Der Ich-Erzähler erscheint dabei als hochgradig verunsichert, übersensibel und autoritätsfixiert (nimmt er doch sofort an, dass seine Uhr falsch geht). Die Charakterisierung des Ich-Erzählers geschieht durch die Wiedergabe seiner verbalen, v.a. aber seiner nonverbalen Reaktionen auf die Ereignisse bzw. Umstände, mit denen er konfrontiert ist. Der Raum der Geschichte ist nicht nur Handlungsort, sondern auch Symbolraum. Der Text kommt dabei mit wenigen Symbolen aus, die Autorität verkörpern. Die Turmuhr, am – zumindest zur Zeit der Entstehung der Parabel wahrscheinlich – höchsten Punkt der Stadt angebracht, verkörpert eine gesellschaftliche Instanz und Macht (ob der Turm dabei auch ein Phallussymbol darstellt, mag dahingestellt sein). Der Ich-Erzähler stellt die Zeitangabe der Turmuhr nicht in Frage. Sie ist die Instanz, die ihm signalisiert, dass er nicht mehr „in der Zeit" ist. Der Schutzmann ist Repräsentant der staatlichen (politischen) Ordnung; in seiner Person verkörpert er staatliche Gewalt, von der Hilfe nicht erwartet werden kann. Der Text lässt auf der Bildebene allerdings auch etliches unerklärt. Der Ich-Erzähler bleibt unkonturiert; die Ursachen für seine Verstörung erfahren wir nicht, der Grund seiner Reise bleibt ebenfalls unklar. Der eingangs erwähnte Bahnhof ist Verbindungspunkt zu nahen und fernen Zielen. Welches Ziel der Ich-Erzähler ansteuert, bleibt jedoch offen. Wenn er, wie er selbst ja ausführt, sich in der Stadt noch nicht gut auskennt, stellt sich die Frage, warum er sie schon wieder verlässt. Will er also zu einem neuen Ziel reisen, oder will er einen ihm noch unbekannten Ort verlassen? Will er zu etwas Neuem hin? Oder läuft er vor etwas Altem weg? Und warum, so muss schließlich gefragt werden, ist der Ich-Erzähler so unsicher, so wenig selbstbewusst? Diese offenen Fragen sind Anlass genug, bei einem näheren Eingehen auf die Sachebene einige Bezüge zu Kafkas Leben herzustellen, wie eingangs bereits angekündigt.

Überleitungen zu Beginn und am Ende des Abschnittes, Zusammenfassung bereits erläuterter Ergebnisse und Ergänzung durch neue Erkenntnisse /Autoritätssymbolik.

Wir wissen heute aufgrund zahlreicher nachgelassener Dokumente und Zeugnisse, dass der kränkliche und kränkelnde Kafka von großen Selbstzweifeln, die bis zur Selbstverachtung gingen, geprägt war (höchsten Ausdruck fanden diese Selbstzweifel in Bezug auf sein schriftstellerisches Werk wohl in der Anweisung, alle seine Manuskripte aus dem Nachlass zu vernichten), dass sein Verhältnis zu seinem Vater, der als Geschäftsmann Bedienstete und Angestellte „unter sich" hatte, durch starke Minderwertigkeitsgefühle bestimmt war, dass er von Schuldgefühlen geleitet war, dass seine Liebesbeziehungen, z. B. zu seiner Verlobten Felice Bauer, aufgrund seiner Krankheit (Ausbruch seiner Tuberkulose) und Zweifel an seiner „Männlichkeit" gestört waren (der Ausbruch der Krankheit diente ihm 1917 als Vorwand, die – bereits zweite – Verlobung mit F. Bauer zu lösen). Liest man Kafkas *Gibs auf* vor diesem Hintergrund, stellt man also Bezüge her zwischen Text und Autor, so kann man auf verschiedenen Ebenen Übertragungen vornehmen. Die Stadt, die der Ich-Erzähler verlassen will, könnte Prag sein, die Heimatstadt, in der sich Kafka nie heimisch fühlte („verdammtes Prag" hat er sie einmal genannt), die er mehrfach verlassen hat, in die er immer wieder zurückkehrte, ohne sich jedoch richtig in ihr einrichten zu können. Das Diktat der Zeit, das von der Turmuhr ausgeht (die Zeit als Motiv begegnet uns in zahlreichen Texten Kafkas), fände seine Entsprechung in dem Gefühl Kafkas, unter dem Rad der Zeit zu stehen, ein Gefühl, das er v. a. während seiner ersten Berufsjahre als Sachbearbeiter in der „Assicura-

zioni Generali" hatte. Der Schutz-Mann, der ihm die vernichtende und alle Hoffnungen zerstörende abweisende Antwort auf seine Frage gibt, verkörpert die Autorität des Vaters (Kafka hat den Erziehungsstil im Elternhaus einmal als durch „Sklaverei und Tyrannei" bestimmt gekennzeichnet). Der Text wäre somit eine Art literarischer Selbstbeschreibung, in der die Lebensunsicherheit, die Selbstzweifel und die Lebensängste Kafkas selbst ebenso zum Ausdruck kommen wie sein gestörtes Verhältnis zum Vater, bei dem er Hilfe sucht, von dem er aber abgewiesen wird. Der Weg zum Bahnhof stünde für Kafkas Lebensweg und gleichzeitig für den Versuch, der allerdings scheitert, vor den eigenen Problemen und den Problemen der Welt davonzulaufen. Kafkas Krankheit an der Welt und an sich selbst findet unter diesem Blickwinkel also seinen Ausdruck in dem Text. Der titelgebende (doppelte) Imperativ verdeutlicht in diesem Kontext die zum Scheitern verdammten Versuche auf Veränderung und Verbesserung der Situation und ist verzweifelter Aufschrei zugleich.
So einleuchtend Bezüge zwischen dem Leben Kafkas und der Geschichte herzustellen sind, so wenig ausreichend muss dieser Deutungsansatz allerdings erscheinen; der Text wäre dann ja nicht mehr (allerdings auch nicht weniger) als die parabolische Beschreibung biografischer Momente Kafkas. Damit wäre die Faszination, die von diesem Text Kafkas (wie von vielen seiner Texte) ausgeht, wohl kaum zu erklären. Abschließend sollen deshalb noch einige über die biografischen Bezüge hinausgehende Überlegungen folgen.

Erneuter Abschnitt/Überleitung zum Schlussteil; Verknüpfung biografischer Momente mit dem Text der Parabel, wie einleitend angekündigt, Einbringen von Vorwissen über das Leben Kafkas, Deutung einiger Textkonstituenten auf diesem Hintergrund – Turmuhr, Schutzmann, Titel.

Bereits in der Einleitung ist darauf hingewiesen worden, dass der Text uns mit einem Paradoxon entlässt: Eine Alltagssituation wird zu einem unlösbaren Problem und führt in eine Katastrophe; die Gründe bleiben rätselhaft, sind nicht endgültig zu (er-)klären. Die Alltagswelt erscheint als bedrohlich und undurchdringlich, die Existenz als problembeladen und durch immer währendes Scheitern bestimmt. Dass es um mehr geht, als um ein banales Alltagsproblem, nämlich um ein existenzielles Muster, wird durch die verwendete Weg-Metaphorik nahegelegt. Ein Mensch ist auf seinem Lebens-Weg; er hat Ziele; auf dem Weg zu diesen Zielen treten Probleme auf; er versucht Hilfe zu finden, um in der Zeit, die ihm verbleibt, an sein Ziel zu kommen; aber diese Hilfe wird nicht gegeben (oder kann gar nicht gegeben werden). Damit wäre der Text zu verstehen als ein Abgesang auf den Zweckoptimismus unseres (natur-)wissenschaftlich-technischen Zeitalters, das meint, für alle Probleme eine Patentlösung zu haben; diesem Optimismus (dem Geist der Aufklärung verpflichtet) wird eine düstere, von undurchschaubaren, nahezu magischen Momenten bestimmte Gegenwelt gegenübergestellt. In nur wenigen Zeilen gelingt es Kafka ja, nicht nur seinen Ich-Erzähler, sondern auch uns Leser in hochgradige Verunsicherung zu versetzen. Wir werden sozusagen mit dem Ich-Erzähler von Zeile zu Zeile aus unserer Selbstsicherheit gestoßen. Die Qualität des Textes besteht also gerade darin, dass er Rätsel aufwirft, die nicht eindeutig zu lösen sind. Die Leer- und Unbestimmtheitsstellen des Textes machen ihn erst offen für uns, ermöglichen es uns, unsere eigene Existenz zu beleuchten. Ein offener, nicht nur schläfriger Blick in die täglichen Nachrichtensendungen z.B. wird uns damit konfrontieren, dass der Fortschritt, wie immer man das Wort auch inhaltlich füllen mag, mit einem hohen Preis erkauft ist. Die menschliche Gattung hat sich an den Rand ihrer eigenen Existenz gebracht. Lösungen werden allüberall suggeriert, werfen aber oftmals nur neue Probleme auf. Der Weg der Menschheit erscheint als unübersichtlich und unüberschaubar. Die kleine Alltagswelt, unsere eigene individuelle Existenz, ist von Problemen aller Art gekennzeichnet (Kommunikationsstörungen). Oft bedarf es nur der Kombination verschiedener Faktoren, um ein Individuum völlig aus der Bahn zu werfen (vom Weg abkommen zu lassen). Was dabei aber völlig verunsichert, ist die (scheinbare) Antwort, die der Text Kafkas nahelegt: die Resignation, das Aufgeben angesichts der individuellen und der Menschheitsprobleme. Es fragt sich, ob es nicht eine Alternative gibt (geben muss): standhalten!

3.4 Fachbegriffe

Autor	3.1.2	Geschehen	3.1.1
Bewusstseinsstrom	3.1.3	Geschichte	3.1.1
bildhafte Kontextfügung	3.1.8	Handlungsaufbau	3.1.7
Charakterisierung	3.1.4	Handlungsort	3.1.6
explizit		indirekte Rede	3.1.3
implizit		innerer Monolog	3.1.3
chronologisches Erzählen	3.1.5	Isotopieebene	3.1.7
deiktische Zeitadverbien	3.1.9	Montageprinzip	3.1.7
Denotat	3.1.8	Motiv	3.1.7
Detailspannung	3.1.5	Nebenhandlung	3.1.7
direkte Rede	3.1.3	Novelle	3.1.10
Epik	3.	Parabel	3.1.10
episch	3.	Personen	3.1.4
episches Präteritum	3.1.9	Personenkonstellation	3.1.4
erlebte Rede	3.1.3	Personenrede	3.1.3
Erzähler	3.1.2	Präsens	3.1.9
Erzählerbericht	3.1.3	Präteritum	3.1.9
Erzählperspektive	3.1.2	Rahmenhandlung	3.1.7
Erzählsituation	3.1.2	Raum	3.1.6
auktorial		Referenzfeld	3.1.7
Ich-E.		Roman	3.1.10
personal		Rückwendung (Rückblende)	3.1.5
erzählte Zeit	3.1.5	Schlüsselwort	3.1.8
Erzählung	3.1.10	Schrittraffung	3.1.5
Erzählzeit	3.1.5	Sprungraffung	3.1.5
Fabel	3.1.1	Spannungsbogen	3.1.7
Fabel (Gattungsbegriff)	3.1.10	Stimmungsraum	3.1.6
Figuren (Stilfiguren)	3.1.9	Symbol	3.1.7
Figurenrede	3.1.3	Symbolraum	3.1.6
Finalspannung	3.1.5	Verben d. inneren Vorgänge	3.1.9
Kompositionsstruktur	3.1.7	Vorausdeutung	3.1.5
Konnotation	3.1.8	Wirklichkeitsbezug	3.1.1
Kontrasthandlung	3.1.7	szenische Darstellung	3.1.3
Kontrastraum	3.1.6	Zeitdeckung	3.1.5
Konzeption (d. Figuren)	3.1.4	Zeitdehnung	3.1.5
Kurzgeschichte	3.1.10	Zeitraffung	3.1.5
Lebensraum	3.1.6	iterativ-durativ	
Leitmotiv	3.1.7	sukzessiv	
lineares Erzählen	3.1.5		

4. Fabel [47]

Die Fabel, ursprünglich in der Rhetorik angesiedelt,[48] also nicht der Dichtung zugehörig und zunächst nur mündlich vorgetragen, erhielt ihren Gattungsnamen nach ÄSOP, einem phrygischen Sklaven im 6. Jahrhundert vor Christus, dem die erste Fabelsammlung zugeschrieben wird (Äsopische Fabeln).[49] Umdichtungen seiner Fabelsammlung erfolgten durch PHÄDRUS (50 n. Chr.), einem ehemaligen Sklaven des Augustus. Unter dem Namen BABRIOS sind Fabelsammlungen aus dem 2. Jh. n. Chr. bekannt; eine Fabelsammlung in lateinischen Versen wird AVIANUS zugeschrieben (4. Jh.), Prosaformen sind von ROMULUS (AESOPUS LATINUS) verfasst worden.
Im Mittelalter und der Reformationszeit (LUTHER) stehen Fabeln oftmals im Dienst der religiösen Unterweisung und moralischen Erziehung, wogegen im 17. Jahrhundert (Barock), vor allem unter dem prägenden Einfluss des Franzosen LA FONTAINE (1621–1695), der unterhaltende Aspekt der Fabeln in den Vordergrund rückt.[50] Zwischen 1740 und 1780 wird die Fabel in Deutschland zur Modegattung, und die praktische und theoretische Beschäftigung mit dieser Kleinform der Epik (Verfassen von Fabeln/Theorie der Fabel) erreicht ihren Höhepunkt.[51]
Im Jahre 1759 veröffentlicht LESSING *Fabeln. Drei Bücher. Nebst Abhandlungen mit dieser Dichtungsart verwandten Inhalts.* Lessing setzt sich mit den zeitgenössischen Fabeltheorien auseinander, wendet sich gegen die überwiegend unterhaltend angelegten Fabeln und betont ihren kritischen Ansatz. „Lessing schätzt die Fabel, weil sie am ‚gemeinschaftlichen Raine der Poesie und Moral' angesiedelt ist,

47 Die einleitenden Abschnitte zu den Kapiteln 4 (Fabel), 5 (Parabel) und 6 (Kurzgeschichte) dieses Bandes präsentieren Grundlageninformationen zu den drei epischen Kleinformen, die über die Hinweise im Abschnitt 3 (Epik) hinausgehen, die eigenständige Beschäftigung mit den drei Gattungsformen aber nicht ersetzen können.
Zum Kapitel über die Fabel siehe u. a.: Reinhard Dithmar (Hrsg.), *Fabeln, Parabeln und Gleichnisse*, München 1978, S. 11–30; W. Barner, G. Grimm u. a., *Lessing – ein Arbeitsbuch für den literaturgeschichtlichen Unterricht*, München 1977, S. 188–202; G. von Wilpert, S. 248–250; Diether Krywalski (Hrsg.), *Handlexikon zur Literaturwissenschaft Bd. 1*, Reinbek bei Hamburg 1978, S. 89–95; Theodor Pelster, *Epische Kleinformen*, Düsseldorf 1976, S. 55–88.

48 Siehe Dithmar, S. 15.

49 Historisch gesicherte Tatsachen sind über Äsop (Aisopos) nicht bekannt, vermutlich handelt es sich sogar um eine fiktive Gestalt (vgl. Barner u. a., *Lessing – ein Arbeitsbuch für den literaturgeschichtlichen Unterricht*, München 1977, S. 190 f.).

50 Die erste Fabelsammlung LA FONTAINEs enthält Fabeln, die noch stärker der didaktischen Tradition der Gattung verpflichtet sind; die kurze und klar aufgebaute Handlung ist oft pointiert. Die Fabeln der zweiten Sammlung sind zumeist länger und poetischer ausgeschmückt, aber auch mit stärkerem kritischen Zeitbezug versehen. Zugleich verstärkt LA FONTAINE die lyrischen Elemente (Vers/Reim etc.). Dennoch ist festzuhalten, dass LA FONTAINEs Fabeln durchaus politische Einsichten in das Frankreich der Epoche Ludwigs XIV. zulassen; vgl. Jürgen Grimm (Hrsg.), *Französische Literaturgeschichte*, Stuttgart 1991, S. 164 f.

51 „1742 erschien in Königsberg ein moralisches Wochenblatt mit dem Titel *Der Deutsche Aesop*. Es enthielt nur Fabeln. Zahlreiche Fabeldichter, deren Namen heute in Vergessenheit geraten sind, waren im 18. Jahrhundert bekannt und populär: Meyer von Knonau, Lichtwer, Gleim, Kästner, J. A. Schlegel, Zachariae, Pfeffer, Nicolay." (Barner u. a., *Lessing – ein Arbeitsbuch für den literaturgeschichtlichen Unterricht*, München 1977, S. 192)

und bedauert, ‚dass die gerade auf die Wahrheit führende Bahn des Aesopus von den Neueren für die blumenreichen Abwege der schwatzhaften Gabe zu erzählen, so sehr verlassen wurde'. Keiner hat so scharf und konsequent wie Lessing hervorgehoben, dass die Fabel Lehrdichtung ist, dass sie deshalb ernsthaft, knapp, gezielt und pointiert sein muss."[52]

Im 19. Jahrhundert gerät die Fabel, oft in bereits verwässerter Form und mit Illustrationen versehen, in den Umkreis der Kinderliteratur und der Kalenderdichtung; im 20. Jahrhundert verwischt die Grenze zwischen Fabel und Parabel (Franz Kafka, *Kleine Fabel*), und die Fabel greift teilweise biblisch-religiöse Motive auf, verliert aber insgesamt an Bedeutung.

Eine Theorie der Fabel hat es zunächst nicht bzw. nur bruchstückhaft gegeben; theoretische Äußerungen waren zumeist zweckbestimmt, etwa in Vorworten zu Fabelsammlungen, und betonten oft den Nützlichkeitsaspekt der Fabeln. Im 18. Jahrhundert kommt es dann zu theoretischen Kontroversen über das Wesen der Fabel (LA MOTTE, GOTTSCHED, BREITINGER; LESSING).

FABELN können allgemein als der didaktischen Literatur zugehörig bezeichnet werden, sind also Teil jener Literatur, „die unmittelbar oder mittelbar lehrhafte, d.h. auf Wissensbereicherung oder Verhaltensformung gerichtete Inhalte vermittelt und sich dabei ästhetischer Darstellungsmittel und Darbietungsformen, wie sie sonst der nichtdidaktischen Dichtung eigen sind, bedient (z.B. Reim, rhythmische Sprache, Bilder, Vergleiche u.ä.)."[53] Die Fabel ist, hier liegt ihre Nähe zur Parabel, letztlich eine Form parabolischen Sprechens. Es gilt, ähnlich wie bei der Parabel, zu unterscheiden zwischen einem Bildbereich und einem Sachbereich; die Fabel ist also gekennzeichnet durch Distanzierung und Verfremdung. Diese Distanzierung und Verfremdung erfolgt in Fabeln (nahezu immer) dadurch, dass Tiere auftreten, denen bestimmte menschliche Eigenschaften (Charakterzüge) oder Verhaltensweisen zugeordnet werden können oder deren Verhältnis zueinander bestimmte Strukturen (z.B. Machtstrukturen) spiegelt.[54]

LESSING hat das Auftreten von Tieren in Fabeln im Zusammenhang mit der Intention der Fabeln so begründet: „Ich komme vielmehr sogleich auf die wahre Ursache (...), warum der Fabulist die Tiere oft zu seiner Absicht bequemer findet, als die Menschen. Ich setze sie in die allgemein bekannte Bestandheit (Beständigkeit, B. M.) der Charaktere. (...) Man hört: Britannicus und Nero. Wie viele wissen, was sie hören? Wer war dieser? Wer jener? In welchem Verhältnis stehen sie gegeneinander? Aber man hört: der Wolf und das Lamm; sogleich weiß jeder, was er höret, und weiß, wie sich das eine zu dem andern verhält. (...) Ja, ich will es

52 R. Dithmar, S. 23.
53 D. Krywalski, S. 89.
54 Das unterscheidet die in Fabeln auftretenden (sprechenden) Tiere von den ja auch in Märchen auftauchenden Tieren; in Märchen haben Tiere oft die Funktion eines Begleiters oder magischen Helfers (*Der gestiefelte Kater*). Die angesprochene Distanzierung bzw. Verfremdung macht natürlich auch dann Sinn, wenn es u.a. darum geht, Mächtige (Fürsten, Herrscher) zu kritisieren und so die Zensur zu umgehen oder der Gefahr der politischen Verfolgung auszuweichen.

wagen, den Tieren und andern geringern Geschöpfen in der Fabel noch einen Nutzen zuzuschreiben (...). Die Fabel hat unsere klare und lebendige Erkenntnis eines moralischen Satzes zur Absicht. Nichts verdunkelt unsere Erkenntnis mehr als die Leidenschaften. Folglich muss der Fabulist die Erregung der Leidenschaften so viel als möglich vermeiden. Wie kann er aber anders, z. B. die Erregung des Mitleids vermeiden, als wenn er die Gegenstände desselben unvollkommen macht, und anstatt der Menschen Tiere oder noch geringere Geschöpfe annimmt?"[55]

Die Fabel zielt, nach Lessing, auf Erkenntniszuwachs beim Rezipienten („Erkenntnis eines moralischen Satzes"). Indem den Tieren dauerhaft („Bestandheit") bestimmte Eigenschaften zugeordnet werden (der Fuchs gilt als listig, das Lamm als friedfertig etc.), wird eine Decodierung des Textes (Übertragung von der Bildebene des Textes auf die Sachebene) vereinfacht; die Verfremdung (um den brechtschen Begriff aufzugreifen), die darin besteht, dass anstelle der Menschen Tiere agieren, lässt den Gegenstand zugleich erkennen und als fremd, somit auch als veränderbar erscheinen. Gleichzeitig werden bestimmte Faktoren, die der Erkenntnis – so Lessing – im Wege stehen (Erregung von Leidenschaften, z. B. Mitleid), ausgeschaltet (Distanzierung).[56]

Der Sinn der Darstellung in der Fabel erschließt sich somit durch eine Übertragung des in der Fabel in uneigentlicher Darstellung präsentierten Beispiels in die Sphäre der menschlichen Lebenswelt (Analogieschluss). Die Nutzanwendung (Lehre), also eine Lebensweisheit, ein moralischer Lehrsatz oder eine allgemein menschliche Wahrheit, kann der Rezipient auf diesem Wege selbst ziehen, so dass sich eine besondere Erläuterung (am Ende der Fabel) zumeist erübrigt.[57]

Bei der Analyse von Fabeln ist neben dem jeweiligen Zeitbezug, aus dem sich unterschiedliche Intentionen ergeben können (von lehrhaft-didaktisch bis poetisch), zu berücksichtigen, ob es sich bei der Fabel um die Bearbeitung einer älteren Fabel bzw. eines Fabelmotivs handelt, weil sich aus den Gemeinsamkeiten bzw. Unterschieden bereits Rückschlüsse für die Interpretation ziehen lassen.[58]

55 Zitiert nach Franz Hebel (Hrsg.), *Lesen – Darstellen – Begreifen*, Lese- und Arbeitsbuch für den Literatur- und Sprachunterricht/11. Schuljahr, Frankfurt a. M. 1988, S. 66.

56 Zum „Nutzen" der Fabel und zur Auffassung Lessings vom Prinzip der Reduktion als Element der Fabel siehe Lessing, *Von einem besonderen Nutzen der Fabel in den Schulen*, in F. Hebel (Hrsg.), *Lesen – Darstellen – Begreifen*, Lese- und Arbeitsbuch für den Literatur- und Sprachunterricht/11. Schuljahr, Frankfurt a. M. 1988, S. 61, aber auch R. Dithmar, S. 23.

57 Allerdings gibt es auch Beispiele, etwa bei Luther, in denen die Lehre der Fabel in einem Nachwort (Epimythion) mitgeliefert wird.

58 Aus diesem Grund wird als Beispiel die Fabel von Wolf und Lamm in drei Versionen (Jean de La Fontaine, Luther, Lessing) behandelt. Der Aufbau der einzelnen Abschnitte folgt dem in 3.2 entwickelten Fragenkatalog, wobei durchaus unterschiedliche Schwerpunkte gesetzt werden.

Lesetext

4.1 Jean de La Fontaine: *Der Wolf und das Lamm*

Der Stärkere hat immer Recht:
wir zeigen 's hier am Tiergeschlecht.
Ein Lamm erlabte sich einmal
am reinen Rinnsal einer Quelle.
5 Ein magrer Wolf war auch zur Stelle,
getrieben von des Hungers Qual.
Du wagst es, sprach er (denn er suchte Stunk)
zu trüben meinen Morgentrunk?
Natürlich haftest du für diesen Schaden! –
10 Ach, sprach das Lamm, dass Euer Gnaden
besänftige die grimme Wut
und zu bemerken mir geruht:
ich trinke hier am Bache zwar,
doch unterhalb und offenbar
15 wohl zwanzig Schritte weit von Euch
und trübe folglich nie und nimmer
das Wässerlein um einen Schimmer. –
Und dennoch trübst du 's,
schalt der Wolf sogleich:
20 auch hast du mich verwünscht vor etwa einem Jahr. –
Wie, da ich kaum geboren war?
versetzt' das Lamm; an Mutters Euter lag ich noch. –
Warst du 's nicht, war 's dein Bruder doch! –
Ich hab gar keinen. – Dann war 's sonst wer von eurer Sippe,
25 denn ihr habt alle eine lose Lippe,
ihr, euer Hund, der Hirt auch mit der Hippe.
Man sagt 's. Mein ist die Rache jetzt zur Stund!
Er schleppte das Lamm in den Wald und riss es
und würgt' es formlos in den Schlund.
30 (Auch ein „Verfahren", ein gewisses!)

Aus: Franz Hebel (Hg.), Lesen – Darstellen – Begreifen/Lese- und Arbeitsbuch für den Literatur- und Sprachunterricht, 11. Schuljahr, Cornelsen Verlag, Frankfurt am Main 1988, S. 63.

4.1.1 Analyse der Makrostruktur

Ein Lamm und ein Wolf treffen sich an einer Quelle. Der Wolf, von vornherein aggressionsbereit („denn er suchte Stunk"), wirft dem Lamm vor, seinen Morgentrunk dadurch zu schädigen, dass es aus der Quelle trinkt. Das Lamm weist darauf

hin, dass es unterhalb des Wolfes („zwanzig Schritte weit von Euch") trinkt, was der Wolf aber nicht gelten lässt. Vielmehr behauptet er, das Lamm habe ihn vor mehr als einem Jahr verwünscht und dadurch seinen Genuss getrübt. Den Einwand des Lamms, damals noch am Euter der Mutter gelegen zu haben, wischt der Wolf mit der Bemerkung weg: „Warst du 's nicht, war 's dein Bruder doch!" Auf die Ausflucht des Lamms, gar keinen Bruder zu haben, macht der Wolf die ganze Sippe der Lämmer verantwortlich, schleppt das Lamm in den Wald, tötet und verschlingt es.
Behandelt wird das Thema Recht/Gerechtigkeit bzw. Recht und Rechtsverletzung im Zusammenhang mit gesellschaftlicher Machtverteilung bzw. sozialer Asymmetrie.[59] Diese Machtverteilung ist durch die auftretenden Tiere von vornherein festgelegt: Der Wolf übernimmt den Part des Starken, Mächtigen und Aggressiven, das Lamm, friedfertig, schwach, aber durchaus ebenbürtiger Dialogpartner, ist in der Rolle des Untergeordneten, was schon in der Ausgangssituation deutlich wird, wenn das Lamm in deutlicher Entfernung (unterhalb des Wolfes) trinkt.
Der Erzähler berichtet und kommentiert. Zu Beginn und am Schluss schaltet er sich mit zwei Kommentaren ein, die den eigentlichen Gang der Handlung wie ein Rahmen umklammern. Der Anfangskommentar vermittelt in aller Kürze das Fazit der Geschichte, den Lehrsatz: „Der Stärkere hat immer Recht: wir zeigen 's hier am Tiergeschlecht." Am Schluss (der Wolf hat das Lamm gerissen und heruntergewürgt) folgt die pointenartige Bemerkung: „Auch ein ‚Verfahren', ein gewisses!"
Diese Pointe, die auch einen Distanzierungseffekt hat, verdeutlicht noch einmal den zu Beginn vermittelten und dann in der Geschichte illustrierten Lehrsatz von der Macht des Stärkeren: Die zunächst vom Wolf vorgetragenen Vorwürfe, die teilweise absurden Charakter haben, können alle vom Lamm stichhaltig widerlegt werden; die offene Aggressionshandlung des Wolfs beendet ja nicht nur die Pseudo-Debatte mit dem Lamm, sondern verdeutlicht, dass der Wolf von vornherein auf Aggression aus war („denn er suchte Stunk").
Dass zwischen Wolf und Lamm keine partnerschaftliche Diskussion möglich ist, wird durch die sich steigernde Absurdität der Vorwürfe des Wolfs deutlich:

1. Vorwurf: Verschmutzung des Wassers (das Lamm trinkt unterhalb des Wolfes);
2. Vorwurf: Schmähung des Wolfes vor einem Jahr (das Lamm lag noch am Euter der Mutter);
3. Vorwurf: Schmähung durch den Bruder (das Lamm hat keinen Bruder);
4. Vorwurf: die Sippe der Schafe schmäht immer die Wölfe.

Nicht die richtigen oder besseren Argumente sind also entscheidend, sondern ausschließlich die soziale Rolle bzw. der Status der beiden an der Auseinandersetzung Beteiligten.

59 Der französische Hochadel, entmachtet vom König, stellte zu einem großen Teil das Lesepublikum LA FONTAINES; diese Leserschaft wird die Fabel unschwer als Kritik am „Sonnenkönig" verstanden haben (vgl. auch Jürgen Grimm (Hrsg.), *Französische Literaturgeschichte*, Stuttgart 1991, S. 164 f.).

4.1.2 Analyse der Mikrostruktur

Die Fabel ist in Versen verfasst, die Paarreime oder Kreuzreime aufweisen sowie eine unterschiedliche Zahl von Hebungen und Senkungen und wechselnde Versausgänge (Kadenzen). Die Fabel ist als Gedicht gestaltet. Eingefasst vom Erzählerbericht und dem Kommentar des Erzählers (besser: vom lyrischen Sprecher) ist der Dialog zwischen Wolf und Lamm, der 21 der 30 Verszeilen umgreift. Offensichtlich kommt es LA FONTAINE also nicht auf eine kurze und prägnante Darstellung an, die seinen Lehrsatz unterstreicht, sondern auf das auf Unterhaltung zielende, fast weitschweifig zu nennende Ausspinnen des Streitgesprächs zwischen den beiden Kontrahenten, wobei das Lamm umfangreich Stellung nimmt zum ersten Vorwurf des Wolfs, die Einlassungen dann allerdings immer kürzer werden.[60]
Die soziale Asymmetrie zwischen Wolf und Lamm wird bereits in den Anredeformen deutlich: Dem schlichten „du“ des Wolfes stehen die Höflichkeitsfloskeln „Euer Gnaden“ und „Euch“ des Lamms gegenüber.

4.2 Martin Luther: *Vom wolff und lemlin*

Lesetext

Ein wolff und lemlin kamen on geferd / beide an einen bach zu trincken / Der wolff tranck oben am bach / Das lemlin aber / fern unden / Da der wolff des lemlins gewar ward / lieff er zu yhm / und sprach / Warumb truebestu mir das wasser das ich nicht trincken kan / Das lemlin antwortet wie kan ich dirs wasser truben / trinckest du
5 doch ober mir / und mochtest es mir wol truben Der wolff sprach / Wie? fluchestu mir noch dazu? Das lemlin antwortet / Ich fluche dir nicht. Der wolff sprach / Ja Dein Vater thet mir fur sechs monden auch ein solchs / du wilt dich Vetern Das lemlin antwortet / Bin ich (doch) dazu mal nicht geborn gewest / wie sol ich meins Vaters entgelten? Der Wolff sprach / So hastu mir aber / meine wisen und ecker
10 abgenaget und verderbet / Das lemlin antwortet / Wie ist (das) muglich / hab ich doch noch keine zeene? Ey sprach der wolff / Und wenn du gleich viel aüsreden und schwetzen kanst / wil ich dennoch heint nicht ungefressen bleiben Und wurget also das unschuldige lemlin und fras es.
Lere
15 Der wellt lauff ist / Wer frum sein will der mus leiden / solt man eine sache vom alten zaun brechen / Denn Gewalt gehet fur Recht / Wenn man dem hunde zu will so hat er das ledder gefressen / Wenn der wolff will / so ist das lamb unrecht.

Aus: Franz Hebel (Hg.), Lesen – Darstellen – Begreifen/Lese- und Arbeitsbuch für den Literatur- und Sprachunterricht, 11. Schuljahr, Cornelsen Verlag, Frankfurt am Main 1988, S. 63 f.

60 An der Betonung der erzählerischen Momente setzt die Lessing'sche Kritik an den Fabeln seiner Zeitgenossen an (siehe das in der Einleitung zur Fabel angeführte Zitat).

4.2.1 Analyse der Makrostruktur

Die Ausgangssituation in Luthers Fabel entspricht der bei La Fontaine. Wolf und Lamm treffen an einem Bachlauf aufeinander, das Lamm trinkt unterhalb des Wolfes, und dennoch erhebt der Wolf den Vorwurf, das Lamm trübe ihm das Wasser. Auf den Einwand des Lamms, es trinke doch unterhalb des Wolfes, erhebt der Wolf den Vorwurf, das Lamm verfluche ihn. Das Lamm streitet den Vorwurf ab, worauf der Wolf entgegnet, der Vater des Lamms habe ihm bereits dieses Unrecht angetan. Den Einwand des Lamms, es könne nicht für eine Tat zur Rechenschaft gezogen werden, die der Vater begangen haben soll zu einer Zeit, als es selbst noch nicht geboren war, kontert der Wolf mit dem Hinweis, das Lamm habe seine Wiesen und Äcker abgenagt und dadurch verdorben. Diesem Vorwurf begegnet das Lamm mit dem Hinweis, es habe noch keine Zähne, könne also die Wiesen nicht abgenagt haben.
Der Wolf macht nun kurzen Prozess mit dem Lamm, erklärt alle Einwände für nutzlos und frisst das Lamm.
Der Fabel ist eine Lehre angefügt, die zwei Kernaussagen enthält: Wer fromm sein will muss leiden, lautet die erste. Und die zweite Lehre heißt: Gewalt geht vor Recht.
Auch bei Luther klammert der Erzählerbericht, der die Ausgangssituation und die Endsituation schildert, den Dialog der beiden Tiere ein. Während La Fontaine aber die Nutzanwendung voranstellt, präsentiert Luther zunächst das konkrete Beispiel und verallgemeinert es anschließend in seinen Lehrsätzen.
Die Vorwürfe, die der Wolf in Luthers Fabel erhebt, sind von ähnlicher Absurdität wie die in La Fontaines Fabel und haben ihren Höhepunkt sicher in der Anklage des Fleischfressers Wolf, das (ja noch zahnlose) Lamm verderbe seine Wiesen und Äcker.

4.2.2 Analyse der Mikrostruktur

Die Prosasprache Luthers ist einfach und prägnant. Auf die kurze Beschreibung der Ausgangssituation folgt der Dialog zwischen Wolf und Lamm im raschen Wechsel sprachlich knapp gehaltener Vorwürfe (der Wolf sprach) und ebensolcher Antworten (das Lamm antwortete). Die Fabel läuft direkt auf die Lehre zu, in der der Inhalt der Fabel, nach den vorausgegangenen Verallgemeinerungen, noch einmal aufgegriffen wird, wenn es am Schluss heißt: „Wenn der Wolf will, hat das Lamm Unrecht."
Auffällig ist, dass Luther in der Lehre zwei Bereiche miteinander verbindet, nämlich den der Religion (wer fromm sein will, der muss leiden) und den der (politischen) Macht (Gewalt geht vor Recht).

4.3 G. E. Lessing: *Der Wolf und das Schaf*

Der Durst trieb ein Schaf an den Fluss; eine gleiche Ursache führte auf der andern Seite einen Wolf herzu. Durch die Trennung des Wassers gesichert und durch die Sicherheit höhnisch gemacht, rief das Schaf dem Räuber hinüber: „Ich mache dir doch das Wasser nicht trübe, Herr Wolf? Sieh mich recht an; habe ich dir nicht etwa
5 vor sechs Wochen nachgeschimpft? Wenigstens wird es mein Vater gewesen sein.“ Der Wolf verstand die Spötterey; er betrachtete die Breite des Flusses und knirschte mit den Zähnen. Es ist dein Glück, antwortete er, dass wir Wölfe gewohnt sind, mit euch Schafen Geduld zu haben; und gieng mit stolzen Schritten weiter.

Aus: Franz Hebel (Hg.), Lesen – Darstellen – Begreifen/Lese- und Arbeitsbuch für den Literatur- und Sprachunterricht, 11. Schuljahr, Cornelsen Verlag, Frankfurt am Main 1988, S. 62.

4.3.1 Analyse der Makrostruktur

Die von Lessing präsentierte Variante der Fabel ist von den drei hier vorgestellten die kürzeste, denn sie umfasst nur acht Zeilen. Auch bei Lessing treffen sich Wolf und Schaf am Wasser, um zu trinken, aber die Ausgangssituation ist verändert. Nicht ein Rinnsal (LA FONTAINE) bzw. ein Bach (LUTHER) trennt die Kontrahenten, sondern ein Fluss. Das Schaf ist in Sicherheit vor dem Wolf und beginnt nun, den Wolf zu verhöhnen: „Ich mache dir doch das Wasser nicht trübe, Herr Wolf? Sieh mich recht an; habe ich dir nicht etwa vor sechs Wochen nachgeschimpft? Wenigstens wird es mein Vater gewesen sein?“ Der Wolf erfasst, dass es chancenlos ist, den Versuch zu wagen, den Fluss zu durchqueren. Mit den Zähnen knirschend antwortet er, dass es das Glück des Schafes sei, dass Wölfe es gewohnt sind, mit „Schafen Geduld zu haben.“ Nach dieser Antwort wendet er sich „mit stolzen Schritten“ ab.
Lessings Fabel steuert ohne Umschweife auf die Schlusspointe zu. Lessing verzichtet auf jegliche Einleitung oder einen Kommentar. Da Lessing die Charaktere der Tiere als bekannt voraussetzt, spart er auch Adjektive aus, die etwa bei LA FONTAINE die Tiere bezeichnen (*grimme* Wut des Wolfes) oder ihr Verhalten erläutern (bei LA FONTAINE sucht der Wolf Stunk).

4.3.2 Analyse der Mikrostruktur

Lessing verzichtet auf schmückendes Beiwerk, seine Prosasprache ist einfach und klar und von lakonischer Kürze. Diese Kürze wird u.a. dadurch erreicht, dass es nicht zu einem fortgesetzten Wechselgespräch zwischen Wolf und Schaf kommt, wie es bei LA FONTAINE und LUTHER der Fall ist, sondern jeweils nur ein Redebei-

trag der beiden Tiere erfolgt. Der Text läuft vielmehr direkt auf die Schlussbemerkung des Wolfes zu, die ja die tatsächlichen Verhältnisse auf den Kopf stellt, wenn der Wolf behauptet, Wölfe hätten Geduld mit Schafen.
Lessings Fabel setzt, will man sie deuten, die Kenntnis der Fabeln von LUTHER und LA FONTAINE im Grunde voraus, denn das Schaf nennt ja die Vorwürfe, die der Wolf in den Fabeln LA FONTAINES und LUTHERS erhebt.
Schlüsselwort für die Veränderung der Situation ist das Wort Sicherheit („Durch die Trennung des Wassers gesichert und durch die Sicherheit höhnisch gemacht, rief das Schaf dem Räuber hinüber (...)".) Das Schaf kann in Lessings Fabel nur so agieren, weil die auf der Ebene des Textes geschilderte Ausgangssituation der in der Wirklichkeit nicht entspricht, in der die Schwachen vor den Starken und Mächtigen nicht sicher sind. Diese Umkehrung der Situation greift der Wolf insofern auf, wenn er, aus Einsicht in seine momentane Machtlosigkeit, von der „Geduld" der Wölfe mit den Schafen spricht.

4.4 Kurzer Vergleich der drei Fabeln

LUTHERS Fabel hat Unterweisungscharakter, steht im Kontext religiöser Erziehung und der Auseinandersetzung mit weltlicher Macht (Wer fromm sein will, muss leiden, Gewalt geht vor Recht). Der Text bekommt durch die nachgestellte Lehre nahezu Predigtcharakter. Er ist sprachlich schlicht und dennoch anschaulich, konzentriert sich so auf die am Schluss vermittelte Lehre.
LA FONTAINES Fabel folgt dem Prinzip des „prodesse et delectare", will also nützen und erfreuen, wobei die Lust am Erzählen im Vordergrund steht, zumal die Lehre aus der Fabel gleich mitgeliefert wird, so dass der Unterhaltungswert größer ist als der Erkenntniszuwachs.
LESSING konzentriert sich ganz auf die didaktische Absicht. Die Kürze der Fabel (anders gesagt: die zahlreichen Aussparungen, v.a. gemessen an der Fabel LA FONTAINES) veranlasst den Rezipienten, die Leerstellen auszufüllen. Die Lehre, die die Fabel vermittelt, muss der Rezipient ebenfalls selber ziehen. In diesem Erkenntniszuwachs liegt für Lessing auch der „heuristische Nutzen" der Fabel.[61]

61 Lessing, *Von einem besonderen Nutzen der Fabeln in den Schulen*, in: F. Hebel (Hrsg.), *Lesen – Darstellen – Begreifen*, Lese- und Arbeitsbuch für den Literatur- und Sprachunterricht/11. Schuljahr, Frankfurt a. M. 1988, S. 61.

5. Parabel[62]

Info

In der Einleitung zu seinem Band über Parabeln Brechts, Kafkas und Kunerts weist Peter Bekes zu Recht darauf hin, dass alle Versuche einer eindeutigen Definition der Gattung Parabel gescheitert sind und Konsens in der Forschung lediglich darin besteht, dass „(...) die Parabel eine kurze und knappe Prosaform darstellt, die eine allgemeine Wahrheit oder einen pragmatischen Sachverhalt durch ein analoges Bild aus einem anderen Vorstellungsbereich erhellt (...)."[63]
Immerhin wird mit dieser Kurzbeschreibung klar, dass bei der Interpretation von Parabeln unterschieden werden muss zwischen einem **Bildbereich** und einem **Sachbereich** und dass der Rezipient vermittels **Analogieschlusses** die Parabel deuten kann. Dieser Analogieschluss ist möglich, weil es, ähnlich wie bei der Fabel, zwischen Bild- und Sachbereich ein tertium comparationis (ein vergleichbares Drittes/eine Gemeinsamkeit) gibt.
Ausgehend vom mathematischen Begriff der Parabel leitet Theodor Pelster Hinweise für die Interpretation von Parabeln ab, wenn er schreibt: „Dass damit der Parabel als Kegelschnitt keine Gerechtigkeit widerfährt und dass einige konstituierende Merkmale unberücksichtigt bleiben, soll in Kauf genommen werden. Beachtet wird die Parabelstruktur, der Scheitelpunkt und die Symmetrieachse. Es lässt sich sagen, dass bei der zur Sprache stehenden Textsorte der ausgeführte Text einen Parabelast ausmacht, dessen korrespondierende Punkte auf dem andern Ast erschlossen werden müssen, da sie nur angedeutet werden, aber die eigentlich gemeinte Aussage enthalten. Im Scheitel kehrt sich die indirekte Aussage in die direkte um."[64]
Parabeln sind also Formen uneigentlichen Sprechens: Von der Ebene des Gesagten (dem Text) ist die Ebene des Gemeinten (die Interpretation durch Analogieschluss) zu unterscheiden.
Auf dieser grundsätzlichen Ebene liegen auch die Ähnlichkeiten zwischen Parabel, Fabel und Gleichnis. Gleichwohl gibt es neben dieser Gemeinsamkeit auch Unterschiede.

Info

Ein Gleichnis (etwa die Gleichnisse Jesu im Neuen Testament) präsentiert Alltägliches und Typisches, und die Verknüpfung zwischen der Ebene des Erzählten und des Gemeinten ist direkt möglich (→ so wie der Hirte sich über das eine verlorene Schaf, das er wiederfindet, mehr freut als über die 99, die nicht verirrt waren, so

62 Siehe zum Abschnitt über die Parabel u.a.: Theodor Pelster, *Epische Kleinformen*, S. 89–111; R. Dithmar, S. 27–29; Reinhard Meurer, *Franz Kafka – Erzählungen*, München 1988; Werner Zimmermann, *Deutsche Prosadichtungen des 20. Jahrhunderts* (2 Bde.), Düsseldorf 1989; Erwin Kitzinger (Hrsg.), *Interpretationen moderner Prosa*, Frankfurt a. M. 1977; Peter Bekes, *Verfremdungen: Parabeln von Bertolt Brecht, Franz Kafka, Günter Kunert*, Stuttgart 1994, G. von Wilpert, S. 549. In diesem Abschnitt werden Parabeln im Bereich der Epik behandelt, nicht etwa Parabelstücke (Brecht, *Der gute Mensch von Sezuan*) oder Parabeln als Teil eines Dramas („Ringparabel" in Lessings *Nathan der Weise*).
63 P. Bekes, S. 4.
64 T. Pelster, *Epische Kleinformen*, S. 98.

wird im Himmel mehr Freude sein über einen Sünder, der Buße tut, als über 99 Gerechte, die der Buße nicht bedürfen; vergl. Matth. 18/12 sowie Luk. 15/1–7). Gegenüber der Fabel als Form parabolischen Sprechens grenzt sich die Parabel, abgesehen von den auftretenden Tiercharakteren in der Fabel, wiederum dadurch ab, dass sie „vom Gegenstand abgelöst zur selbstständigen Erzählung wird" und kein „in allen Einzelheiten unmittelbar übereinstimmendes Beispiel gibt."[65] Dies bedeutet auch, dass die Erzählelemente des Textes ihre eigene Qualität in sich haben und dass andererseits der Deutungsspielraum größer ist, als es etwa bei der Fabel der Fall ist.
Parabeln finden sich in der buddhistischen und hebräischen Literatur, im Alten Testament und – neben den Gleichnissen – durchaus auch im Neuen Testament (Parabel von den Arbeitern im Weinberg, Matth. 20,1–16). Auch bei LESSING, HERDER und GOETHE finden sich Parabeln, doch ist sie recht eigentlich eine Erzählform des 20. Jahrhunderts und im deutschsprachigen Raum vor allem verbunden mit den Texten FRANZ KAFKAS.

5.1 Franz Kafka: *Eine kaiserliche Botschaft*[66]

Lesetext

Der Kaiser – so heißt es – hat Dir, dem Einzelnen, dem jämmerlichen Untertanen, dem winzig vor der kaiserlichen Sonne in die fernste Ferne geflüchteten Schatten, gerade Dir hat der Kaiser von seinem Sterbebett aus eine Botschaft gesendet. Den Boten hat er beim Bett niederknien lassen und ihm die Botschaft ins Ohr geflüstert;
5 so sehr war ihm an ihr gelegen, dass er sie sich noch ins Ohr wiedersagen ließ. Durch Kopfnicken hat er die Richtigkeit des Gesagten bestätigt. Und, vor der ganzen Zuschauerschaft seines Todes – alle hindernden Wände werden niedergebrochen und auf den weit und hoch sich schwingenden Freitreppen stehen im Ring die Großen des Reichs – vor allen diesen hat er den Boten abgefertigt. Der Bote hat sich
10 gleich auf den Weg gemacht; ein kräftiger, ein unermüdlicher Mann; einmal diesen, einmal den anderen Arm vorstreckend, schafft er sich Bahn durch die Menge; findet er Widerstand, zeigt er auf die Brust, wo das Zeichen der Sonne ist; er kommt auch leicht vorwärts, wie kein anderer. Aber die Menge ist so groß; ihre Wohnstätten nehmen kein Ende. Öffnete sich freies Feld, wie würde er fliegen und bald wohl hörtest
15 Du das herrliche Schlagen seiner Fäuste an Deiner Tür. Aber stattdessen, wie nutzlos müht er sich ab; immer noch zwängt er sich durch die Gemächer des innersten

65 G. von Wilpert, ebd.
66 Zur Interpretation siehe auch P. Bekes, S. 20 ff.; R. Meurer, S. 82 ff.; W. Zimmermann (Bd. 1), S. 206 ff. Der Text *Eine kaiserliche Botschaft* ist Teil des Fragments *Beim Bau der chinesischen Mauer*, das wahrscheinlich 1917 entstanden ist. Kafka hat die Parabel allerdings 1919 auch als eigenständigen Text veröffentlicht. Bei einer Interpretation im Unterricht ist die Beziehung zwischen Parabeltext und Fragment sicherlich zu berücksichtigen, weil sich die Texte gegenseitig erhellen und es Verknüpfungspunkte gibt (zu diesem Aspekt siehe z. B. P. Bekes, S. 20 f.).

Palastes; niemals wird er sie überwinden; und gelänge ihm dies, nichts wäre gewonnen; die Treppen hinab müsste er sich kämpfen; und gelänge ihm dies, nichts wäre gewonnen; die Höfe wären zu durchmessen; und nach den Höfen der zweite
20 umschließende Palast; und wieder Treppen und Höfe; und wieder ein Palast; und so weiter durch Jahrtausende; und stürzte er endlich aus dem äußersten Tor – aber niemals, niemals kann es geschehen – liegt erst die Residenzstadt vor ihm, die Mitte der Welt, hochgeschüttet voll ihres Bodensatzes. Niemand dringt hier durch und gar mit der Botschaft eines Toten. – Du aber sitzt an Deinem Fenster und erträumst sie
25 Dir, wenn der Abend kommt.

Aus: Reinhard Dithmar (Hg.), Fabeln, Parabeln und Gleichnisse/Beispiele didaktischer Literatur, dtv-Bibliothek Bd. 6092, München 1978, S. 294 f.

5.1.1 Analyse der Makrostruktur

Analyse der Geschichte (Thema, Problem, Wirklichkeitsbezug)

Thema der Parabel ist die Kommunikation bzw. ihr Scheitern. „Der Kaiser" sendet, auf dem Sterbebett liegend, dem „Einzelnen" eine Botschaft, die ein Bote überbringen soll. Trotz aller Bemühungen des Boten, die Botschaft unbekannten Inhalts zu überbringen und ihren Adressaten zu erreichen, gelangt er nicht an sein Ziel, denn die Hindernisse, die sich ihm in den Weg stellen, bzw. die Distanz, die er zu überwinden hat, lassen das Vorhaben scheitern.
Die Parabel endet mit den Sätzen: „Niemand dringt hier durch und gar mit der Botschaft eines Toten. – Du aber sitzt an Deinem Fenster und erträumst sie Dir, wenn der Abend kommt."

Analyse der Erzählsituation und Darbietungsform (Rolle des Erzählers)

Die Kommunikationssituation, die die Parabel aufbaut, ist eine doppelte. Im Kern geht es um die Botschaft, die der Kaiser dem Untertanen sendet. Diese Kommunikationssituation ist eingebettet in die Kommunikation zwischen dem Erzähler und dem Empfänger der kaiserlichen Botschaft, wobei die Kommunikation zwischen dem Erzähler und Empfänger der Botschaft, der im letzten und ersten Satz des Textes direkt vom Erzähler angesprochen wird („Dir" und „Du"), funktioniert. Dabei macht der Erzähler bereits im ersten Satz durch das parenthetische „so heißt es" seine Erzählerrolle deutlich und setzt das Erzählte gleichzeitig in den Bereich des Sagenhaften (er hat die Geschichte von der Botschaft selbst nur vermittelt bekommen): „Der Kaiser – so heißt es – hat Dir, dem Einzelnen, dem jämmerlichen Untertanen, dem winzig vor der kaiserlichen Sonne in die fernste Ferne geflüchteten Schatten, gerade Dir hat der Kaiser von seinem Sterbebett aus eine Botschaft gesendet."

Analyse der Personenkonstellation und Personencharakterisierung

Drei Hauptpersonen weist die Parabel auf, nämlich den Kaiser, den Boten und den Adressaten der Botschaft. Ihre Beziehung ist durch soziale Asymmetrie bzw. eine hierarchische Abstufung sowie durch räumliche und zeitliche Distanz gekennzeichnet. Bereits der einleitende Satz macht die Position des „Untertanen", seine soziale Distanz zum Kaiser, aber auch zum übrigen Volk, in der Apposition (zugleich Dreierfigur mit Klimax) deutlich („dem Einzelnen, dem jämmerlichen Untertanen, dem winzig vor der kaiserlichen Sonne in die fernste Ferne geflüchteten Schatten"). Der Empfänger der Botschaft ist ein „Einzelner", er wird als „jämmerlich" gekennzeichnet, und der Kontrast zur Welt des Kaisers wird durch das Gegensatzpaar „Sonne" (dem Kaiser zugeordnet) und „Schatten" (dem Untertanen zugeordnet) verbildlicht. Der Kaiser bildet das Zentrum, der Untertan lebt in der „fernsten Ferne" (räumliche Distanz), wobei wir keine Gründe für die Flucht des Untertanen in die „fernste Ferne" erfahren. Umso erstaunlicher und paradoxer ist es ja, dass der Kaiser („von seinem Sterbebett aus") gerade diesem Untertanen eine Botschaft zukommen lassen will. Die Paradoxie dieser Ausgangssituation wird noch dadurch gesteigert, dass der Kaiser den Auftrag an den Boten als Staatsakt zelebriert (er fertigt den Boten vor allen Großen des Reiches ab) und sich vom richtigen Verständnis seiner Botschaft dadurch überzeugt, dass er sie sich vom Boten noch einmal ins Ohr sagen lässt („so sehr war ihm an ihr gelegen"). Über die Beweggründe des Kaisers erfahren wir ebenso wenig wie über ihn selbst. Die einzige Information, die wir bekommen, ist die, dass er auf dem Sterbebett liegt. Vor allem erfahren wir aber nichts über den Inhalt der Botschaft, die doch von so großer Bedeutung zu sein scheint. Der Bote, so legt uns der Text nahe, ist der richtige Mann für diesen wichtigen Auftrag („ein kräftiger, ein unermüdlicher Mann"). Er ist sich der Bedeutung seines Auftrages sicher und weiß auch um die Macht, die er repräsentiert, denn immer, wenn sich ihm Widerstand entgegenstellt, verweist er auf das kaiserliche Zeichen (die Sonne) auf seiner Brust, und so „kommt er auch leicht vorwärts, wie kein anderer."

Analyse von Erzählzeit und erzählter Zeit

Die soziale und räumliche Distanz zwischen Untertan und Kaiser hat ihre Entsprechung, wie oben bereits angedeutet, auch auf der Ebene der Zeit; die erzählte Zeit wird nämlich völlig entgrenzt. Der Bote ist, das stellt sich im Laufe der Geschichte, die rasch erzählt ist, heraus, nicht nur in räumlicher, sondern auch in zeitlicher Unendlichkeit unterwegs. „Niemals" wird der Bote die Widerstände, die sich ihm entgegenstellen, überwinden, und wäre er auch „Jahrtausende" unterwegs. Es gibt nur einen zeitlichen Fixpunkt in der Parabel, nämlich den Tod des Kaisers, der als öffentliches Ereignis stattfindet („vor der ganzen Zuschauerschaft seines Todes" fertigt der Kaiser den Boten ab); das Warten des Einzelnen auf die Botschaft ist demgegenüber unendlich („niemals, niemals kann es geschehen", dass der Bote sein Ziel erreicht). So bleibt dem Adressaten der Botschaft nur das (zeitlich unbegrenzte) „Erträumen" der Botschaft.

Analyse des Raums

Die Gestaltung der räumlichen Dimension des Textes ist durch mannigfache Kontrast- und Symbolbildung gekennzeichnet. Ein Kontrast entsteht dadurch, dass bei der Vermittlung der Botschaft zunächst alle räumlichen Hindernisse beseitigt zu sein scheinen, sich dann aber verstärkt dem Boten solche Hindernisse entgegenstellen. Der Kaiser gibt seinen Auftrag an den Boten nämlich in doppelter Weise im „öffentlichen Raum": Alle Großen des Reiches sind anwesend (vor Publikum also gibt der Kaiser seinen Auftrag an den Boten), „alle hindernden Wände werden niedergebrochen". Und die Großen des Reiches stehen „auf den weit und hoch sich schwingenden *Frei*treppen." (Kursivsetzung durch mich, B. M.) Der Weg des Boten ist aber dann durch sich auftürmende Hindernisse erschwert: Die Wohnstätten nehmen kein Ende, er vermag noch nicht einmal alle „Gemächer des inneren Palastes" zu durchschreiten; selbst wenn ihm dies gelänge, lägen die Treppen unüberwindbar vor ihm und die Höfe, der zweite Palast und wiederum Höfe und Paläste wären zu durchmessen, bis er ans äußerste Tor gelangt.
Diese Kontrastbildung macht deutlich, dass es nicht um einen Raum als Handlungsort geht, sondern Räume hier Symbolräume sind. Sie verdeutlichen die unendliche Distanz zwischen Kaiser und Untertan, die der Bote trotz seiner Anstrengungen nicht überwinden kann und die das Gelingen der Kommunikation unmöglich machen. Der Weg der Kommunikation ist also verbaut, gestört. Der Empfänger der Botschaft sitzt am Fenster, nach draußen blickend und auf den Boten wartend, der doch nicht ankommt. Der Untertan vermag die Botschaft nur noch zu erträumen. Das Fenster erweist sich somit (wie oft in literarischen Texten) als Symbol für den Blick nach innen. Der Untertan blickt von innen nach außen, wir blicken gleichsam von außen nach innen, in seine Seele, in seine Traumwelt der Wünsche und Hoffnungen davon, dass die Botschaft doch noch ankommen möge.

Analyse der Kompositionsstruktur

Der Text ist deutlich zweigeteilt und gleichzeitig von den beiden Sätzen, in denen sich der Erzähler über das „Du" an den Adressaten der kaiserlichen Botschaft wendet, umklammert. Der erste Teil schildert den kaiserlichen Auftrag, den Abmarsch des Boten und endet mit dem Satz: „Er kommt auch leicht vorwärts; wie kein anderer". Dieser Teil ist durchweg im Indikativ gehalten und vermittelt den Eindruck, der Bote würde sein Ziel erreichen. Der zweite Teil beginnt mit einem adversativen „aber", das durch die Spitzenstellung im Satz besonders hervorgehoben wird: „Aber die Menge ist so groß; ihre Wohnstätten nehmen kein Ende." Die Situation kehrt sich nun um: Ein Hindernis nach dem anderen versperrt dem Boten den Weg. Um die Vergeblichkeit der Bemühungen des Boten zu kennzeichnen, wird der Irrealis verwendet: „öffnete sich freies Feld, wie würde er fliegen und bald wohl hörtest Du das herrliche Schlagen seiner Fäuste an Deiner Tür. (...) und gelänge ihm dies, nichts wäre gewonnen." Die endgültige Zerschlagung aller Hoffnungen auf eine erfolgreiche Mission des Boten erfolgt dann durch eine Parenthese, die die konjunktivischen Aussagen im Indikativ unterbricht und gleichzeitig durch eine doppelte Zeitangabe verstärkt ist: „(...) und stürzte er endlich aus dem äußersten Tor – aber niemals, niemals kann es geschehen – liegt erst die Residenzstadt vor ihm, die Mitte der Welt, hochgeschüttet voll ihres Bodensatzes." Dass die Parenthese (wie auch die beiden vorhergehenden) im Präsens steht (Erzähltempus der Parabel ist das Perfekt) unterstreicht, dass die Kommunikationsstörung (die Unmöglichkeit der Übermittlung der Botschaft) bis in die Gegenwart andauert. Folgerichtig ist auch der letzte Satz im Präsens verfasst („Du aber sitzt ... und erträumst ..."). Markiert das erste „aber" den Wendepunkt der Geschichte, so stellt der eingeschobene Satz, der alle Illusionen zerschlägt, ihren Höhepunkt dar.

5.1.2 Analyse der Mikrostruktur

Analyse der syntaktischen Strukturen, der semantischen Felder und der Stilmittel

Die Zweiteilung des Textes hat ihre Entsprechung auch in den syntaktischen Strukturen. Der erste Teil wird bestimmt durch zwei weit umfassende Sätze (jeder hat mehr als dreißig Wörter, weist eine Parenthese auf, kommt aber ohne Gliedsatz aus und enthält eine Apposition). Im zweiten Teil dominieren kürzere Sätze, oft mit Negationen versehen bzw. mit Gegensatzpartikeln, die teilweise parallel gebaut sind, Wiederholungen aufweisen und durch ein Semikolon getrennt sind. Dem großen Bogen der Sätze im ersten Teil steht hier das Stakkatohafte der kürzeren Sätze gegenüber, die das vergebliche Bemühen des Boten, an sein Ziel zu kommen, syntaktisch unterstreichen (das Andauern der Versuche des Boten hat seine Entsprechung in dem Auftürmen immer neuer Hindernisse in unendlicher Aneinanderreihung).
Dieser Kontrastbildung in der Syntax entsprechen weitere Gegensätze.[67]
Der Kaiser ist Mittelpunkt eines Kreises (die Großen des Reiches haben sich um ihn in einem Ring versammelt), der Adressat seiner Botschaft existiert an der Peripherie, am Rande der denkbaren Welt. Der Kaiser lebt im Zeichen der Sonne, der

67 Auf die Verwendung von Indikativ und Konjunktiv ist bereits hingewiesen worden; auch in der Modusverwendung findet sich also diese Kontrastbildung.

Untertan ist in die Welt des Schattens geflüchtet. Das Leben des Kaisers ist an sein Ende gelangt, die Situation des Untertanen ist durch andauerndes (ewiges) Warten gekennzeichnet. Sind im ersten Teil des Textes alle „hindernden Wände ... niedergebrochen", so türmen sich im zweiten Teil des Textes immer neue Wände (Paläste, Mauern, Häuser, Wohnstätten) vor dem Boten auf. Erscheint der Bote im ersten Teil als „kräftiger" und „unermüdlicher" Mann, so erfährt er im zweiten Teil die Grenzen seiner Fähigkeiten. „Schafft" der Bote sich im ersten Teil „Bahn" (er kommt leicht vorwärts), müht er sich im zweiten Teil nutzlos ab; er muss sich durch die Gassen „zwängen"; er müsste, um zum Ziel zu kommen, „kämpfen".
Diese Beispiele machen deutlich, dass der Stil des Textes auf ganz unterschiedlichen Ebenen, die aber miteinander verzahnt sind (Ebene des Inhalts, des Modusgebrauchs, der syntaktischen Strukturen, der semantischen Felder) und sich gegenseitig verstärken, durch Kontrastbildung geprägt ist.
Vermittelt der erste Teil dem Leser die Dringlichkeit der Botschaft und erweckt den Eindruck, diese könne ihren Adressaten tatsächlich erreichen, so desillusioniert der zweite Teil des Textes den Leser vollends. Da der Bote sein Ziel nicht erreicht, bleibt für den Leser – ebenso wie für den Adressaten der Botschaft – bis zum Schluss offen, was der Inhalt der Botschaft war. Nicht zuletzt diese Leerstelle eröffnet einen weiten Deutungsspielraum.

„außertextliche" Bezüge

- ➡ die Parabel in ihrem literarischen Kontext (*Beim Bau der Chinesischen Mauer*)
- ➡ verwandte Motive in anderen Parabeln Kafkas (vgl. z. B. die Dimensionen von Raum, Zeit und Weg in der in Abschnitt 3 ausführlicher behandelten Parabel *Gibs auf!* oder der Parabel *Vor dem Gesetz*
- ➡ der Text und das Verhältnis Kafkas zu seinem Vater (scheiternde Kommunikation zwischen Kafka und seinem Vater)

Deutungsansätze/Übertragung vom Bildbereich in den Sachbereich

1. Die Isolation des Einzelnen in der Masse und gegenüber einer Zentralinstanz (der Adressat der kaiserlichen Botschaft lebt ja fernab von den Menschen des Reiches) und das dadurch bedingte Scheitern von Kommunikation.
2. Das Scheitern jeglicher Verkündigung, z. B. einer religiösen Lehre. Die Botschaft (Gottes) erreicht den einzelnen Menschen nicht (mehr).
3. Die Fantasie (das Träumen) als mögliche Alternative und genuin menschliche Fähigkeit, die Realität zu überwinden und eine andere (bessere) Welt zu antizipieren.

5.2 Franz Kafka: *Der Nachbar*[68]

Mein Geschäft ruht ganz auf meinen Schultern. Zwei Fräulein mit Schreibmaschinen und Geschäftsbüchern im Vorzimmer, mein Zimmer mit Schreibtisch, Kasse, Beratungstisch, Klubsessel und Telefon, das ist mein ganzer Arbeitsapparat. So einfach zu überblicken, so leicht zu führen. Ich bin ganz jung, und die Geschäfte rollen vor mir her. Ich klage nicht, ich klage nicht.

Seit Neujahr hat ein junger Mann die kleine, leer stehende Nebenwohnung, die ich ungeschickterweise so lange zu mieten gezögert habe, frischweg gemietet. Auch ein Zimmer mit Vorzimmer, außerdem aber noch eine Küche. – Zimmer und Vorzimmer hätte ich wohl brauchen können – meine zwei Fräulein fühlten sich schon manchmal überlastet –, aber wozu hätte mir die Küche gedient? Dieses kleinliche Bedenken war daran schuld, dass ich mir die Wohnung habe nehmen lassen. Nun sitzt dort dieser junge Mann. Harras heißt er. Was er dort eigentlich macht, weiß ich nicht. Auf der Tür steht: „Harras, Bureau". Ich habe Erkundigungen eingezogen, man hat mir mitgeteilt, es sei ein Geschäft ähnlich dem meinigen. Vor Kreditgewährung könne man nicht geradezu warnen, denn es handle sich doch um einen jungen, aufstrebenden Mann, dessen Sache vielleicht Zukunft habe, doch könne man zum Kredit nicht geradezu raten, denn gegenwärtig sei allem Anschein nach kein Vermögen vorhanden. Die übliche Auskunft, die man gibt, wenn man nichts weiß.

Manchmal treffe ich Harras auf der Treppe, er muss es immer außerordentlich eilig haben, er huscht förmlich an mir vorüber. Genau gesehen habe ich ihn noch gar nicht, den Büroschlüssel hat er schon vorbereitet in der Hand. Im Augenblick hat er die Tür geöffnet. Wie der Schwanz einer Ratte ist er hineingeglitten, und ich stehe wieder vor der Tafel „Harras, Bureau", die ich schon viel öfter gelesen habe, als sie es verdient.

Die elend dünnen Wände, die den ehrlich tätigen Mann verraten, den Unehrlichen aber decken. Mein Telefon ist an der Zimmerwand angebracht, die mich von meinem Nachbar trennt. Doch hebe ich das bloß als besonders ironische Tatsache hervor. Selbst wenn es an der entgegengesetzten Wand hinge, würde man in der Nebenwohnung alles hören. Ich habe mir abgewöhnt, den Namen der Kunden beim Telefon zu nennen. Aber es gehört natürlich nicht viel Schlauheit dazu, aus charakteristischen, aber unvermeidlichen Wendungen des Gesprächs die Namen zu erraten. Manchmal umtanze ich, die Hörmuschel am Ohr, von Unruhe gestachelt, auf den Fußspitzen den Apparat und kann es doch nicht verhüten, dass Geheimnisse preisgegeben werden.

Natürlich werden dadurch meine geschäftlichen Entscheidungen unsicher, meine Stimme zittrig. Was macht Harras, während ich telefoniere? Wollte ich sehr übertreiben – aber das muss man oft, um sich Klarheit zu verschaffen –, so könnte ich sagen:

68 Zur Interpretation siehe auch A. Krüger, *Texte für den Deutschunterricht – Kommentar zu den Texten für das 10. Schuljahr*, Frankfurt 1975, S. 53–55.

Harras braucht kein Telefon, er benutzt meines, er hat sein Kanapee an die Wand gerückt und horcht, ich dagegen muss, wenn geläutet wird, zum Telefon laufen, die
40 Wünsche des Kunden entgegennehmen, schwerwiegende Entschlüsse fassen, großangelegte Überredungen ausführen – vor allem aber während des Ganzen unwillkürlich durch die Zimmerwand Harras Bericht erstatten.
Vielleicht wartet er gar nicht das Ende des Gespräches ab, sondern erhebt sich nach der Gesprächsstelle, die ihn über den Fall genügend aufgeklärt hat, huscht nach sei-
45 ner Gewohnheit durch die Stadt und, ehe ich die Hörmuschel aufgehängt habe, ist er vielleicht schon daran, mir entgegenzuarbeiten.

Aus: Anna Krüger (Hg.), Texte für den Deutschunterricht/Geschichten für das 10. Schuljahr, Diesterweg Verlag, Frankfurt am Main 1978, S. 63 f.

5.2.1 Analyse der Makrostruktur

Analyse der Geschichte (Thema, Problem, Wirklichkeitsbezug)

Kafkas Parabel *Der Nachbar* ist in der Arbeitswelt angesiedelt. Der Ich-Erzähler, der namenlos ist und über dessen persönliche Lebensumstände wir ebenso wenig erfahren wie über sein Alter, sein Aussehen und sein Leben außerhalb der Berufswelt, betreibt eine kleine Firma, deren Betätigungsfeld aber undeutlich bleibt. Klar wird nur, dass der Ich-Erzähler im Handel oder Dienstleistungsbereich tätig ist. Die Welt der Arbeit wird angedeutet über die Ausstattung und das Personal seines Büros: „Zwei Fräulein mit Schreibmaschinen und Geschäftsbüchern im Vorzimmer, mein Zimmer mit Schreibtisch, Kasse, Beratungstisch, Klubsessel und Telefon, das ist mein ganzer Arbeitsapparat."
Der Ich-Erzähler teilt dem Leser mit, dass seit einiger Zeit ein junger Mann die Räume neben den seinigen bezogen hat. Auch über diesen Nachbarn erfahren wir nichts Konkretes, nur seinen Namen auf dem Schild zum Büro kann der Ich-Erzähler nennen („Harras, Bureau").
So wenig der Ich-Erzähler wirklich über diesen Nachbarn weiß, so viel präsentiert er uns an Spekulationen, Mutmaßungen und Verdächtigungen, die Harras betreffen, von dem der Ich-Erzähler annimmt, dass er ein ähnliches Geschäft betreibe wie er selber. Immer mehr steigert sich der Ich-Erzähler in die Vorstellung hinein, Harras arbeite gegen ihn. Die (Wahn-)Vorstellungen kulminieren in der grotesken Annahme, Harras horche an der Wand, wenn der Ich-Erzähler Geschäftsgespräche am Telefon führt, um sich dann, noch bevor das Gespräch beendet ist, auf den Weg zu machen, um ihm „entgegenzuarbeiten".
Der Text thematisiert somit, ausgehend von der Problematik wirtschaftlicher Konkurrenz zwischen zwei Geschäftsleuten, ein sich bis ins Krankhafte steigerndes Misstrauen.

Analyse der Erzählsituation und der Darbietungsform (Rolle des Erzählers)/ **Personenkonstellation und Personenkonfiguration** (Charakterisierung)

Die Überschrift des Textes vermittelt den Eindruck, der Leser könne etwas über den Nachbarn erfahren. Diese Erwartung wird aber nicht erfüllt; über den Nachbarn erfahren wir, vom Namen einmal abgesehen, nichts. Der Ich-Erzähler muss auch zugestehen: „Was er dort eigentlich macht, weiß ich nicht." Zwar trifft der Ich-Erzähler Harras manchmal auf der Treppe, aber genau „gesehen habe ich ihn noch gar nicht."

Von sich selbst erweckt der Ich-Erzähler zunächst den Eindruck, er sei ein junger und dynamischer Geschäftsmann, der in seinem Beruf durchaus erfolgreich ist, wenn er über seine Tätigkeit sagt: „So einfach zu überblicken, so leicht zu führen. Ich bin ganz jung, und die Geschäfte rollen vor mir her." Umso erstaunlicher, ja irritierend muss es erscheinen, wenn der Ich-Erzähler im Anschluss an diese Sätze über den Gang seiner Geschäfte sagt: „Ich klage nicht, ich klage nicht." Diese am Ende des ersten Abschnitts der Geschichte durch ihre Verdoppelung besonders betonte Aussage, leitet dann nämlich nichts anderes ein, als die auf Spekulationen beruhende Klage des Ich-Erzählers über die Bösartigkeit seines Nachbarn.

Der Ich-Erzähler, so steht zu vermuten, ist, ganz im Gegensatz zu dem Eindruck, der zunächst vermittelt wird, nicht von besonders großer Entschlusskraft und Entscheidungsfreudigkeit. Auch er hatte die Möglichkeit, die jetzt von Harras genutzten Räumlichkeiten anzumieten. Jedoch haben ihn „kleinliche Bedenken" („wozu hätte mir die Küche gedient?") zögern lassen; umso dynamischer und tatkräftiger erscheint dem Ich-Erzähler nun Harras, der ihm die Wohnung nebenan „genommen" hat.

Die Beziehung der beiden Figuren wird ausschließlich aus der Perspektive des Ich-Erzählers beschrieben; seine (Wahn-)Vorstellungen führen zu einer Dämonisierung des Nachbarn. Setzt die Überschrift des Textes in unserer Alltagsvorstellung durchaus positive Assoziationen frei (Nachbarschaft bedeutet Kontakt, gegenseitiges Kennen, Gespräche, vielleicht sogar Hilfe und Unterstützung), ist in der Vorstellung des Ich-Erzählers Nachbarschaft auf reine Konkurrenz in der Berufswelt reduziert. Der Nachbar wird im Bewusstsein des Ich-Erzählers zum Feind (er wird mit dem Schwanz einer Ratte verglichen), ist letztlich aber, da ja keine konkreten Hinweise darauf vorliegen, dass Harras überhaupt im gleichen Berufsfeld tätig ist wie der Ich-Erzähler, reine Projektionsfläche der Unsicherheiten und neurotischen Seiten des Ich-Erzählers. Harras fungiert somit als Verbindungsglied zwischen der äußeren Welt (Konkurrenzkampf im Wirtschaftsleben) und der inneren Welt (Seelenzustand des Ich-Erzählers[69]).

69 Diesen Zusammenhang hat Kafka einmal so beschrieben: „Der Kapitalismus ist ein System von Abhängigkeiten, die von innen nach außen, von außen nach innen, von oben nach unten und von unten nach oben gehen. Alles ist abhängig, alles ist gefesselt. Kapitalismus ist ein Zustand der Welt und der Seele." (Franz Kafka in G. Janouch, *Gespräche mit Kafka*, Stuttgart 1951, zitiert nach Friedrich Tomberg, *Kafkas Tiere und die bürgerliche Gesellschaft*, in: DAS ARGUMENT. Berliner Hefte für Probleme der Gesellschaft, Berlin 1964, Heft 1, S. 12).

Nimmt man einmal an, Harras arbeite tatsächlich im gleichen Gewerbe wie der Ich-Erzähler, so spiegelt das Nebeneinander des Ich-Erzählers und seines Nachbarn einen Aspekt der Wirklichkeit wider, nämlich die ökonomische Konkurrenz. Die Grundlage für die subjektive Übersteigerung eines dann durchaus als objektiv vorhanden anzunehmenden Konkurrenzverhältnisses liegt aber in der Persönlichkeit des Ich-Erzählers, die sich im zweiten Abschnitt des Textes nahezu „nebenbei" offenbart: Während der Ich-Erzähler bei der Entscheidung, ob er die Wohnung anmieten soll, zaudert und zögert, hat sie Harras „frischweg gemietet".
Der Ich-Erzähler beschreibt letztlich nicht den Nachbarn, sondern sich selbst. Die Harras zugesprochenen Bösartigkeiten können, da sie ja nicht auf Fakten beruhen, als Projektionen eigener Verunsicherungen auf einen anderen in einer durch Anonymität und Konkurrenz bestimmten Lebenswelt gedeutet werden.

Analyse von Raum und Zeit

Sieht man einmal von der geschilderten Anmietung der Räume durch Harras und den flüchtigen Begegnungen zwischen dem Ich-Erzähler und Harras auf der Treppe ab, handelt der Text weder von einem Vorgang noch von einem Ereignis, erst recht nicht von der Entwicklung einer Beziehung. Der Text handelt vielmehr von einem Zustand. Als konsequent kann es deshalb erscheinen, dass der Text im Präsens verfasst ist. Der Zustand umgreift Vergangenheit, Gegenwart und Zukunft; auf der Ebene der erzählten Zeit ist der Text somit „zeitlos" (auch das Warten und Träumen des Adressaten der „kaiserlichen Botschaft" ist zeitlich entgrenzt).
Der Raum wird als Handlungsort kaum greifbar (Reduzierung auf Ausstattung und Mobiliar), er ist aber Symbolraum und Seelenlandschaft zugleich. Symbolisch verkörpert er durch das Nebeneinander der Wohnungen des Ich-Erzählers und seines Nachbarn den Wettlauf um wirtschaftlichen Gewinn; das Nebenan wird zum Gegenüber, räumliche Nähe ist Ausdruck direkter Konfrontation. Dies aber nicht nur, weil in den Räumen nebenan ein (vermeintlicher oder tatsächlicher) Konkurrent lebt. Der Raum selbst wird zum Mit- und Gegenspieler. Die Wände erscheinen dem Ich-Erzähler „elend dünn", sie „verraten" den „ehrlich tätigen Mann", den „Unehrlichen aber decken" sie (Stilmittel: Personifizierung bzw. Anthropomorphisierung).

Analyse der Kompositionsstruktur

Der Text *Der Nachbar* ist in sechs Abschnitte gegliedert. Der erste Abschnitt beschreibt das Arbeitsfeld des Ich-Erzählers und endet mit der verdoppelten Aussage: „Ich klage nicht, ich klage nicht." Der zweite Abschnitt beginnt mit der einzigen Zeitangabe im Text („Seit Neujahr hat ein junger Mann die kleine, leerstehende Wohnung ... frischweg gemietet."). Wie viel Zeit seit dem Tag des Einzugs des

Nachbarn vergangen ist, erfahren wir nicht. Die Abschnitte 2–6 des Textes handeln von den Verdachtsmomenten des Ich-Erzählers gegenüber seinem Nachbarn, von seinen vergeblichen Versuchen, etwas über diesen Nachbarn in Erfahrung zu bringen (wobei er nicht das Gespräch mit dem Nachbarn sucht, sondern „Erkundigungen einzieht", die aber zu keinen brauchbaren Informationen führen), v.a. aber von den bis ins Groteske und Absurde gesteigerten Vorstellungen des Ich-Erzählers über das Konkurrenzverhalten des Nachbarn. Dabei ist ein deutlicher Spannungsbogen zu erkennen.

Der zweite Abschnitt nennt die Tatsache des Einzugs (die einzige Tatsache, die der Ich-Erzähler über Harras präsentiert) und schildert seine Versuche, etwas über den Nachbarn in Erfahrung zu bringen.

Der dritte Abschnitt erwähnt gelegentliche Begegnungen auf der Treppe, ist aber bereits durch eine negative Einstellung des Ich-Erzählers bestimmt (der schon oben erwähnte Vergleich, Harras husche wie der Schwanz einer Ratte in sein Büro).

Der vierte Abschnitt behandelt die „verräterischen" Wände und den Verdacht des Ich-Erzählers, Harras höre ihn ab. Der Verfolgungswahn des Ich-Erzählers äußert sich am Ende dieses Abschnitts, wenn der Ich-Erzähler sein Verhalten beim Telefonieren beschreibt: „Manchmal umtanze ich, die Hörmuschel am Ohr, von Unruhe gestachelt, auf den Fußspitzen den Apparat und kann es doch nicht verhüten, dass Geheimnisse preisgegeben werden."

Eine Steigerung schildert dann der fünfte Abschnitt. Der Ich-Erzähler, bereits völlig verunsichert („meine Stimme zittrig") äußert den Verdacht, Harras habe sein Kanapee an die Wand gerückt, höre seine Gespräche ab, er selbst sei im Grunde Berichterstatter für Harras: „Harras braucht kein Telefon, er benutzt meines." Das noch vorhandene Bewusstsein von der Absurdität dieser Vorstellung wird deutlich, wenn der Ich-Erzähler diese Mutmaßung dadurch betont, dass er sagt: „Wollte ich sehr übertreiben – aber das muss man oft, um sich Klarheit zu verschaffen –, so könnte ich sagen (...)" Die Übertreibung wird festgestellt, aber als legitimer Akt definiert („aber das muss man oft").

Der Höhepunkt des Verfolgungswahns äußert sich in der Vermutung, die der letzte Abschnitt nennt: der Ich-Erzähler geht – lediglich das zweimal verwendete Adverb „vielleicht" schränkt seine im Indikativ getroffene Aussage ein – von der Annahme aus, Harras mache sich bereits auf den Weg, um ihm entgegenzuarbeiten, bevor er noch ein Gespräch beendet und die Hörmuschel aufgehängt hat.

5.2.2 Analyse der Mikrostruktur

Analyse der syntaktischen Strukturen, semantischen Felder und Stilmittel

In den Abschnitten 1–4 weist der Text insgesamt leicht überschaubare Satzstrukturen auf. Satzgefüge, aneinandergereihte Hauptsätze, Sätze längerer und kürze-

rer Struktur wechseln sich ab. Die Satzgestaltung ändert sich aber mit der Darstellung der sich steigernden Wahnvorstellungen des Ich-Erzählers. Der 5. Abschnitt weist, neben einem Hauptsatz und einem Satzgefüge, einen Satzbogen auf. Parataxen, Hypotaxen sowie eine Parenthese (Hauptsatz plus erweiterter Infinitiv) werden, lediglich durch Kommata und einmal einen Doppelpunkt getrennt, aneinandergereiht und bringen so die innere Erregtheit, das Sich-Ineinanderschieben von Wirklichkeitsfetzen und Wahnvorstellungen syntaktisch zum Ausdruck.
Diese Technik wendet Kafka auch im letzten Abschnitt an, der Satzbogen umfasst hier den gesamten Abschnitt.
Auffällig ist auch die variationsreiche Technik zur Darstellung der Mutmaßungen des Ich-Erzählers. Hier wird der Konjunktiv verwendet, aber auch das Konditional (würde), Modalverben (könnte) sowie das Adverb „vielleicht".
Im Bereich der Semantik muss der Vergleich von Harras mit dem Schwanz einer Ratte noch einmal erwähnt werden. Löst das Wort Ratte allein ja schon negative Assoziationen aus, so wird diese negative Empfindung im Vergleich aber noch gesteigert (Reduzierung von Harras auf den als besonders unangenehm empfundenen Schwanz des Tieres). Der Vergleich wird aufgegriffen durch die Bewegungsverben hineingleiten und huschen (zweimal), wenn von Harras die Rede ist.

„außertextliche" Bezüge

biografische Aspekte: Kafkas Tätigkeit bei der „Assicurazioni-Generali" (Kafkas erste Arbeitsstelle) und später bei der „Arbeiter-Unfall-Versicherungs-Anstalt" und die dadurch gewonnenen Einblicke in die Arbeitswelt

Übertragung vom Bildbereich in den Sachbereich/Deutungsansätze

1. Die Isolation des Einzelnen in einer als immer undurchschaubarer und unübersichtlicher empfundenen Welt.
2. Kommunikation und Kommunikationsstörung: die Sprachlosigkeit zwischen dem Ich-Erzähler und Harras als Beispiel für die wachsende Entfremdung und Zerstörung nachbarschaftlicher Verhältnisse.
3. Die Auswirkungen einer (kapitalistisch organisierten) Konkurrenzgesellschaft auf die Psyche/die Seele des Einzelnen (Stichwort: Ellenbogengesellschaft/Kampf um Lehrstellen und Arbeitsplätze/Mobbing).

5.3 Bertolt Brecht: *Geschichten vom Herrn Keuner*[70]

Die mehr als 80 Keuner-Geschichten Brechts sind zwischen 1926 und 1956, dem Todesjahr Brechts, entstanden, die Mehrzahl davon allerdings am Ende der 20er- und zu Beginn der 30er-Jahre, also in einer Zeit, als die politische, soziale und ökonomische Krise der Weimarer Republik ihren Höhepunkt erreicht hatte und die Bedrohung durch den Faschismus immer deutlicher wurde. In diesem Zeitraum entstanden auch Brechts *Lehrstücke* sowie die Oper *Aufstieg und Fall der Stadt Mahagonny* (1930 uraufgeführt) und seine Dramen *Die heilige Johanna der Schlachthöfe* (1929/30) und *Die Mutter* (Uraufführung 1932).
Die *Geschichten vom Herrn Keuner* werden zu den „Kalendergeschichten"[71] gezählt, zu denen u.a. auch die Texte *Der Augsburger Kreidekreis* und *Die unwürdige Greisin* gehören. Die *Keuner*-Geschichten sind oft recht kurz, einige haben nahezu aphoristischen, andere anekdotischen Charakter.
Mittelpunkt-Figur der Geschichten ist Herr Keuner, dessen Name in den Geschichten zumeist auf den Anfangsbuchstaben reduziert wird („Herr K."). Über das Alter, das Aussehen oder die Lebensumstände Keuners erfahren wir nichts. Wichtig scheint lediglich seine Haltung (im Theater nennt Brecht das den „Gestus") zu bestimmten Fragestellungen/Problemen und dem Leben gegenüber zu sein. Ein anonym bleibender (personaler) Erzähler[72] präsentiert die Keuner-Geschichten, die oft mit einer lehrhaften Sentenz oder einer verblüffenden Aussage oder Fragestellung Keuners eine Dialogsituation beenden. Herr Keuner ist dabei „der Denkende" (*Maßnahmen gegen die Gewalt*), aber das Denken Keuners ist das dialektische Denken Brechts.
In einigen Texten wird Keuner um Rat gefragt, in anderen tritt er als Dozierender auf, in wieder anderen nimmt er bestimmte Begegnungen zum Anlass seiner Sentenzen oder zum Erzählen einer Geschichte, wobei das dialogische Gegenüber – falls überhaupt vorhanden – stets unkonturiert bleibt (in der Geschichte *Maßnahmen gegen die Gewalt* heißt es lapidar, dass Keuner sich „in einem Saale vor vielen gegen die Gewalt aussprach"; die „vielen" werden im Laufe der Geschichte dann zu „Leuten"). Ebenso unkonturiert bleiben Ort und Zeit (die Geschichten sind nahezu ort- und zeitlos).

70 Diese Einleitung zeigt einige wesentliche Aspekte der Keuner-Geschichten auf, so dass sich die im folgenden Abschnitt behandelten Beispiele auf die Untersuchungsgesichtspunkte „Thema" und „Kompositionsstruktur" reduzieren lassen.

71 Die Tradition der Kalendergeschichten geht bis in das Barockzeitalter zurück (Grimmelshausen, *Der immerwährende Kalender*), ist aber v.a. mit Johann Peter Hebel (1760–1826) verbunden (*Schatzkästlein des rheinischen Hausfreundes*). Mit der Erfindung des Buchdrucks war es möglich geworden, Kalender mit zusätzlichen Texten (von Rezepten über Belehrungen bis hin zu Schwänken) zu versehen und in größerer Anzahl herzustellen. Brecht knüpft mit seinen *Kalendergeschichten* an diese Tradition an.

72 Es gibt aber auch Ausnahmen, in denen die Ich-Erzählsituation vorzufinden ist (etwa *Der Gesandte*).

Die Prosasprache der Keuner-Texte ist von schnörkelloser Sachlichkeit; die Satzkonstruktionen sind überschaubar; der „Ton" der Texte ist lakonisch-distanziert, doch nicht frei von überraschendem Witz, der die Wörter und ihre Bedeutung abklopft.
Der Name der Mittelpunkt-Figur lässt sich auf unterschiedliche Arten deuten. Peter Bekes weist auf die Erklärung Walter Benjamins (der engen Kontakt zu Brecht hatte) hin, der Keuner als mundartliche Ausformung zu „Keiner" verstanden wissen will, und leitet selbst den Namen etymologisch von den beiden griechischen Begriffen Koins und Koinos her (das Allgemeine, Öffentliche, allen Gehörende)[73].

Lesetext

5.3.1 *Das Wiedersehen*[74]

Ein Mann, der Herrn K. lange nicht gesehen hatte, begrüßte ihn mit den Worten: „Sie haben sich gar nicht verändert." „Oh!" sagte Herr K. und erbleichte.

Aus: Bertolt Brecht, Prosa Bd. 2, edition suhrkamp Bd. 183, Frankfurt a. M. 1967, S. 375 ff. Texte von Brecht müssen aufgrund eines Einspruches in der alten Rechtschreibung übernommen werden.

Die Geschichte *Das Wiedersehen* gehört zu den kürzesten Keuner-Geschichten überhaupt, umgreift sie doch nur 2 Zeilen, die insgesamt 26 Wörter aufweisen. Ein Mann, der Keuner lange nicht gesehen hat, begrüßt diesen mit den Worten: „Sie haben sich gar nicht verändert."
Auf diesen Satz erfolgt eine verblüffende Reaktion Keuners, der mit einem „Oh!" antwortet und erbleicht.
Aufgegriffen wird eine typische Alltagssituation: Zwei Menschen begegnen sich (wahrscheinlich auf einer Straße oder einem Platz, was in der Geschichte selbst völlig offen bleibt), und der eine begrüßt den anderen mit einer Floskel, die in der Alltagskommunikation zumeist positiv gemeint ist und etwa die Bedeutung hat: Du bist ja überhaupt nicht älter geworden, siehst immer noch gut aus etc. Gleichzeitig hat dieser Satz in der Alltagskommunikation die Funktion, eine alte, wenn auch zeitweilig unterbrochene soziale Beziehung (Bekanntschaft) aufzugreifen und an Vormaligem anzuknüpfen. Üblicherweise wird das kommunikative Gegen-

73 Vgl. P. Bekes, S. 29; ich gehe bei der Behandlung von Keuner-Geschichten im Unterricht immer von Benjamins Erklärung aus, füge aber weitere Glieder einer Kette hinzu: Keiner = Niemand. NIEMAND = ODYSSEUS (auf die Frage nach seinem Namen antwortete Odysseus dem Zyklopen Polyphem: „Ich heiße NIEMAND"; konsequenterweise rief Polyphem, nachdem Odysseus und seine Gefährten ihn geblendet hatten: „Niemand hat mir das Auge ausgestochen."). ODYSSEUS = der Listige/Listenreiche. Folglich: KEUNER = der LISTIGE.

74 Siehe auch Bekes, S. 27 f.

über des Satzes diesen mit einer entsprechenden Antwort aufgreifen und so die Kommunikation fortsetzen. Dies tut Keuner in der Geschichte auf doppelte Weise nicht. Sprachlich bringt das „Oh!" der Antwort bereits eine ungewöhnliche Reaktion zum Ausdruck, denn die Floskel wird nicht in der zu erwartenden Weise aufgegriffen. Durch die körperliche Reaktion Keuners (das Erbleichen, das wir zumeist mit Schrecken oder Angst bzw. Bestürzung assoziieren) wird dieses „Oh!" aus seiner Uneindeutigkeit gehoben (es könnte ja auch ein freudig-überraschtes „Oh!" sein) und negativ fixiert.
Der Ausgang der Geschichte wirft also die Frage auf, warum Keuner das Kommunikationsangebot nicht in der zu erwartenden Weise aufgreift, was ihn an dem Satz so sehr erschüttert, dass er sogar „erbleicht".
Die erste Ebene, die betrachtet werden kann, ist die der Kommunikationskritik. Wenn Keuner so reagiert, wie er das in der Geschichte tut, so mag es darum gehen, dass gerade das Floskelhafte des Satzes markiert werden soll. Erst durch die Reaktion Keuners wird ja das übliche Muster der Kommunikation durchbrochen, wird die Floskel als Floskel in unser Bewusstsein gehoben und damit gleichzeitig andere, derer wir uns in der täglichen Kommunikation bedienen (etwa die Alltagsfloskel „Wie geht es dir?" zur Begrüßung; hier wird eine entsprechende Antwort wie „Geht so" oder „Gut! Und dir?" erwartet). Das Rituelle solcher Floskeln wird durch Keuners Reaktion transparent gemacht und damit letztlich als sinnentleert verdeutlicht. Die Sprache (hier der Begrüßungssatz des Mannes) wird durch Keuner „abgeklopft"; die Befremdung, die seine Reaktion beim Leser auslösen kann, mag diesen veranlassen, den eigenen Sprachgebrauch zu überprüfen.
Die zweite Ebene, auf die der Text verweist, ist die der Sozialbeziehungen (die natürlich mit der kommunikativen Situation in Beziehung steht). Keuner erbleicht gerade deshalb, weil er, wie der Mann sagt, sich nicht verändert haben soll. Die vom Kommunikationspartner durchaus positiv gemeinte Aussage wird von Keuner aber als negative Kritik umgedeutet. Offensichtlich scheint es so zu sein, dass Keuner ein völlig anderes Verständnis des Begriffs „Veränderung" hat als sein Gegenüber. Geht man einmal davon aus, dass Keuner den Begriff nicht lediglich auf sein äußeres Erscheinungsbild bezieht, so bedeutet das wohl, dass Veränderung (im umfassenden Sinn gemeint) nach Keuner zum Menschen als sozialem Wesen gehört. Veränderung steht damit Begriffen wie Stillstand, fehlende Weiterentwicklung oder Stagnation gegenüber. Veränderung bedeutet Dynamik, Nicht-Veränderung heißt Statik. Keuner wendet also den floskelhaften Begriff der „Veränderung" dialektisch gegen sich selbst. Er begreift sich offensichtlich als soziales Wesen, das Veränderungen (individueller und gesellschaftlicher, intellektueller und seelischer Art) unterworfen ist bzw. an diesen Veränderungen aktiv teilnimmt. Sich nicht verändert zu haben, bedeutet somit für ihn, seine Rolle als soziales Wesen verfehlt zu haben.

Mögliche Deutungsansätze: (Übertragung vom Bildbereich auf den Sachbereich)

- Die Keunergeschichte *Das Wiedersehen* als Sprachkritik
- Die Keunergeschichte *Das Wiedersehen* als Ausgangspunkt für eine Kritik an sozialen und kommunikativen Beziehungen und die Kritik eines statischen Menschenbildes.

Lesetext

5.3.2 *Maßnahmen gegen die Gewalt*[75]

Als Herr Keuner, der Denkende, sich in einem Saale vor vielen gegen die Gewalt aussprach, merkte er, wie die Leute vor ihm zurückwichen und weggingen. Er blickte sich um und sah hinter sich stehen – die Gewalt.
„Was sagtest du?" fragte ihn die Gewalt.
5 „Ich sprach mich für die Gewalt aus", antwortete Herr Keuner.
Als Herr Keuner weggegangen war, fragten ihn seine Schüler nach seinem Rückgrat. Herr Keuner antwortete: „Ich habe kein Rückgrat zum Zerschlagen. Gerade ich muß länger leben als die Gewalt."
Und Herr Keuner erzählte folgende Geschichte:
10 In die Wohnung des Herrn Egge, der gelernt hatte, nein zu sagen, kam eines Tages in der Zeit der Illegalität ein Agent, der zeigte einen Schein vor, welcher ausgestellt war im Namen derer, die die Stadt beherrschten, und auf dem stand, daß ihm gehören solle jede Wohnung, in die er seinen Fuß setzte; ebenso sollte ihm auch jedes Essen gehören, das er verlange; ebenso sollte ihm auch jeder Mann dienen, den er
15 sähe.
Der Agent setzte sich in einen Stuhl, verlangte Essen, wusch sich, legte sich nieder und fragte mit dem Gesicht zur Wand vor dem Einschlafen: „Wirst du mir dienen?"
Herr Egge deckte ihn mit einer Decke zu, vertrieb die Fliegen, bewachte seinen Schlaf, und wie an diesem Tage gehorchte er ihm sieben Jahre lang. Aber was immer
20 er für ihn tat, eines zu tun hütete er sich wohl: das war, ein Wort zu sagen. Als nun die sieben Jahre herum waren und der Agent dick geworden war vom vielen Essen, Schlafen und Befehlen, starb der Agent. Da wickelte ihn Herr Egge in die verdorbene Decke, schleifte ihn aus dem Haus, wusch das Lager, tünchte die Wände, atmete auf und antwortete: „Nein."

Aus: Bertolt Brecht, Prosa Bd. 2, edition suhrkamp Bd. 183, Frankfurt a. M. 1967, S. 375 ff. Texte von Brecht müssen aufgrund eines Einspruches in der alten Rechtschreibung übernommen werden.

75 Siehe auch Bekes, S. 33–35.

Brechts *Maßnahmen gegen die Gewalt* gehört zu den umfangreicheren und recht komplexen Keuner-Geschichten. Keuner spricht sich „in einem Saale vor vielen" gegen die Gewalt aus. Plötzlich weichen die Leute zurück, Keuner sieht sich um, und hinter ihm steht „die Gewalt". Auf die Frage, worüber er gesprochen habe, antwortet Keuner: „Ich sprach mich für die Gewalt aus". Von seinen Schülern wird Keuner daraufhin nach seinem Rückgrat gefragt, und mit dem Hinweis, gerade er habe kein Rückgrat zum Zerschlagen, erzählt Keuner die Geschichte von Herrn Egge.
In die Wohnung Egges, „der gelernt hatte, nein zu sagen, kam eines Tages, in der Zeit der Illegalität, ein Agent". Dieser reklamiert, einen Schein der Machthaber vorzeigend, das Haus Egges und dessen Dienste für sich. Die Frage des Agenten, ob Egge ihm dienen wolle, beantwortet dieser nicht, verrichtet aber alle ihm aufgetragenen Tätigkeiten und dient dem Agenten sieben Jahre lang, ohne allerdings ein einziges Wort zu sagen. Nach diesen sieben Jahren stirbt der Agent. Egge wickelt ihn in eine Decke, schleift ihn hinaus, tüncht das Haus neu, atmet auf und sagt dann: „Nein".
Von der Struktur her handelt es sich bei dem Text *Maßnahmen gegen die Gewalt* also um eine Geschichte in der Geschichte. Anders gesagt: Es gibt einen Rahmen (Keuners Ansprache im Saal), und in diesen eingebettet wird die Egge-Geschichte, die Keuner erzählt, um sein Verhalten zu erläutern.
Beide Geschichten umkreisen die Themen „Widerstand" und „Opportunismus" angesichts einer Gewaltherrschaft, wobei die „Gewalt" allegorisch auftritt, historisch nicht genau bestimmt wird (es geht also nicht nur um die NS-Gewaltherrschaft, wenn diese auch durchaus eine historische Folie für die Geschichte sein kann, sondern um Widerstand überhaupt).
Betrachtet man zunächst die Rahmen-Geschichte, so führt uns diese zum Problem der Feigheit oder des Opportunismus (die Schüler fragen Keuner nach seinem Rückgrat) angesichts aktueller Bedrohung. Mit der Aussage: „Ich sprach mich für die Gewalt aus" stellt Keuner seine kurz zuvor im Saal geäußerte Anschauung völlig auf den Kopf und muss zunächst als Lügner und Feigling erscheinen (dies ist der Vorwurf, der in der Frage nach Keuners Rückgrat steckt), wobei allerdings festzuhalten ist, dass die Leute, als die Gewalt auftaucht, zurückweichen und weggehen, Keuner also allein mit der Gewalt konfrontiert ist.
Schon allein deshalb taucht die Frage auf, ob es Alternativen für Keuner gegeben hätte.
Wäre ein Wiederholen der vorher geäußerten Aussage nicht reiner Heroismus gewesen, der mit dem nutzlosen Tod Keuners geendet hätte? Und hätte der Tod Keuners nicht veranschaulicht, dass jeglicher Widerstand gegen „die Gewalt" sinnlos ist? Immerhin entkommt Keuner durch seine Antwort der lebensbedrohlichen Situation und kann seine Unterweisung der Schüler fortsetzen.
Keuners Verhalten, oberflächlich feige und lügnerisch, muss auf diesem Hintergrund als „List, die Wahrheit unter vielen zu verbreiten" erscheinen, über die Brecht schrieb: „Viele, stolz darauf, daß sie den Mut zur Wahrheit haben, glücklich, sie gefunden zu haben, müde vielleicht von der Arbeit, die es kostet, sie in eine

handhabbare Form zu bringen, ungeduldig wartend auf das Zugreifen derer, deren Interessen sie verteidigen, halten es nicht für nötig, nun auch noch besondere List bei der Verbreitung der Wahrheit anzuwenden. So kommen sie oft um die ganze Wirkung ihrer Arbeit. (...) Es gibt viele Listen, durch die man den argwöhnischen Staat täuschen kann."[76]

Keuner scheint den Ratschlag Brechts zu beherzigen; er täuscht den „argwöhnischen Staat", der ihm als „Gewalt" gegenübersteht. Er ist nicht ungeduldig, er unterzieht sich der Mühe, seine Schüler auch nach dem Vorfall aufzuklären, er bringt sich nicht um die Wirkung seiner Arbeit, die offensichtlich darin besteht, auch andere davon zu überzeugen, gegen „die Gewalt" zu sein.

Bezeichnend ist in diesem Zusammenhang, dass Keuner seine Aussage „Ich habe kein Rückgrat zum Zerschlagen. Gerade ich muß länger leben als die Gewalt" mit einer Geschichte verbindet, die die Zuhörenden zum Nachdenken veranlassen soll. Statt politischer, taktischer oder strategischer Überlegungen zum Thema „Widerstand" offeriert Keuner einen Text mit Interpretationsspielraum, da es ihm offensichtlich darauf ankommt, das selbstständige Denken seiner Zuhörer (aus den vielen im Saale, den Leuten, sind Schüler geworden) zu fördern.

Dabei hat die Egge-Geschichte durchaus Züge des Märchenhaften (der Verweis auf die Märchenzahl sieben) und Grotesken (etwa wenn es heißt, der Agent sei „vom vielen Essen, Schlafen und Befehlen" dick geworden, oder wenn Egge, in Übererfüllung seiner Pflichten, den Schlaf des Agenten bewacht und die Fliegen vertreibt). Mit dem „Nein" Egges, ans Ende des gesamten Textes gesetzt, wird das Verhalten Egges zum Sieg; gleichzeitig aber scheint mit diesem Ausgang der Egge-Geschichte Keuners Verhalten gerechtfertigt. Ob dies allerdings so ist, hängt hochgradig von der Rezeption der Keuner-Geschichte ab, die geradezu zum Widerspruch auffordert. Gibt es nicht Unterschiede in der Ausgangssituation Keuners und des Herrn Egge? Egge verweigert auf der kommunikativen Ebene die Antwort auf die Frage des Agenten, dient diesem aber praktisch. Keuner stellt seine eigene Position auf den Kopf, kann aber unbehelligt den Schauplatz der Bedrohung verlassen. Keuner sieht sich direkt mit der „Gewalt" konfrontiert, er muss unmittelbar reagieren. Egge hat es mit einem (wohl untergeordneten) Repräsentanten der Macht zu tun und kann „auf Zeit spielen".

Die Egge-Geschichte, soviel ist deutlich, erklärt das Verhalten Keuners nicht endgültig. Mit dieser „Leerstelle" wird der Rezipient konfrontiert; seine Aktivität besteht zunächst darin, sie auszufüllen.

Mögliche Deutungsansätze: (Übertragung vom Bildbereich auf den Sachbereich):

- Die Fragwürdigkeit von Begriffen wie „Feigheit" und „Lüge"
- Opportunismus und Widerstand des Einzelnen angesichts gewalttätiger Machtverhältnisse

76 Brecht, *Die List, die Wahrheit unter vielen zu verbreiten*, in R. Ulshöfer (Hrsg.), *Arbeitsbuch Deutsch Sek. II, Bd 1 – Sprache und Gesellschaft*, Dortmund 1972, S. 309 f. In diesem Zusammenhang verweise ich nochmals auf die Fußnote 73 zur Deutung des Namens.

6. Kurzgeschichten[77]

Die Ursprünge der Kurzgeschichte liegen im anglo-amerikanischen Sprachraum. Bereits in der ersten Hälfte des 19. Jahrhunderts entwickelt sich die „short-story" (der Novelle sich annähernd, allerdings kürzer als diese) in Amerika. William Faulkner, Mark Twain und Ambrose Bierce, um nur drei Autoren zu nennen, etablieren die neue Kurzform der Epik und thematisieren das amerikanische Lebensgefühl, das geprägt ist durch den Bürgerkrieg sowie den Kultivierungsprozess der USA und das Leben der Jäger, Goldsucher und Abenteurer. In Magazinen und Zeitschriften werden die Geschichten veröffentlicht, finden aber nur wenig Raum, da sie ein Beitrag neben anderen sind. Dies zwingt die Erzähler von vornherein dazu, sich auf das Wesentliche zu konzentrieren, und treibt sie zur Textökonomie.
Die „modern short-story", die anglo-amerikanische Entsprechung der deutschen Kurzgeschichte, entwickelt sich im Zusammenhang mit dem 1. Weltkrieg: Die „lost generation" (die verlorene Generation der Kriegsteilnehmer) bringt in den „modern short-stories" ihren Skeptizismus und Pessimismus zum Ausdruck. Als herausragendster Vertreter der „modern short-story" ist Ernest Hemingway zu nennen, dessen knapper und präziser Schreibstil und dessen Kunst der Andeutung einige seiner Erzählungen zu Meisterwerken der Gattung hat werden lassen (*The old man at the bridge, Cat in the rain, The killers*).
War der 1. Weltkrieg der zeitgeschichtliche Hintergrund für die Autorengeneration der „lost generation", so wird der 2. Weltkrieg (bzw. die Kriegs- und Nachkriegszeit) zum historischen und politischen Ausgangspunkt für die moderne deutsche Kurzgeschichte. Autoren wie Heinrich Böll und Wolfgang Borchert verarbeiten in ihren Geschichten die Erfahrungen von Krieg und Heimkehr, Gefangenschaft und Tod, Entbehrungen und Not der Nachkriegszeit.

Nach 12 Jahren faschistischer Diktatur schreibt man sich frei, werden die Dinge beim Namen genannt, wird das Leben so beschrieben, wie es ist.
Am Ende der 50er-Jahre und zu Beginn der 60er-Jahre rücken neue Themen in den Vordergrund. Von der Spiegelung des Krieges und seiner Folgen geht man nun, oft mit den Mitteln der Satire und ironischen Seitenhieben auf die Wohlstandsgesellschaft, zur Kritik am deutschen „Wirtschaftswunder" und den sozialen und politischen Verhältnissen der Bundesrepublik über. Schließlich geraten auch

77 Vgl. zu diesem Abschnitt u.a. B. Matzkowski/E. Sott, *Basisinterpretationen für den Literaturunterricht der Sekundarstufen Bd. IV*, Hollfeld 1981 (der Band geht ausführlich auf Theorie und Geschichte der Kurzgeschichte ein und präsentiert Interpretationshilfen und Arbeitsfragen zu 36 modernen deutschen Kurzgeschichten); G. Burger (Hrsg.), *Methoden und Beispiele der Kurzgeschichteninterpretation*, Hollfeld 1977; E. Neis, *Wie interpretiere ich Gedichte und Kurzgeschichten?* Hollfeld 1977; E. Hermes, *Abiturwissen Erzählende Prosa*, Stuttgart 1988, S. 85 ff.; J. Lehmann (Hrsg.), *Interpretation moderner Kurzgeschichten*, Frankfurt a. Main 1976; E. Kitzinger (Hrsg.), *Interpretation moderner Prosa*, Frankfurt a. Main 1977; W. Zimmermann, *Deutsche Prosadichtungen des 20. Jahrhunderts* (Bd. 2), Düsseldorf 1989; H.-C. Graf von Nayhauss (Hrsg.), *Theorie der Kurzgeschichte*, Stuttgart 1977.

die zwischenmenschlichen Beziehungen, Kommunikationsstörungen und Entfremdungserscheinungen der modernen Gesellschaft ins Blickfeld der Autoren.
Zu Beginn der 70er-Jahre hat die Kurzgeschichte in der Bundesrepublik ihren Höhepunkt bereits überschritten; die Leser wenden sich eher dem Roman zu oder bevorzugen andere Kurzformen der Epik (Erzählungen/Mischformen).
Das breite Themenspektrum der Kurzgeschichten geht einher mit der Gestaltungsvielfalt dieser Prosaform, die Hans Bender, selbst Autor von Kurzgeschichten, einmal das „Chamäleon der literarischen Gattungen" genannt hat. Kaum „(...) eine andere Kurzprosaform lässt sich so wenig in das Korsett einer sich an normativer Poetik orientierenden Gattungsbestimmung pressen wie die Kurzgeschichte. Ihre Formenvielfalt muss immer wieder Anlass zur Überraschung und damit zur Hinterfragung bereits gewonnener, eindeutig definierter ‚Regeln' für die Bestimmung der Kurzgeschichte werden (...)."[78]
Man kann sich der Gattung annähern durch eine Abgrenzung von anderen Formen der Prosa (Novelle, Parabel, Anekdote etc./siehe hierzu den entsprechenden Abschnitt im Kapitel „Epik" dieses Bandes). Man kann allerdings auch – bei aller gebotenen Vorsicht – den Versuch unternehmen, Merkmale von Kurzgeschichten zu benennen. Diese Merkmale können dabei nicht mehr sein als ein Versuch der Beschreibung, denn sie müssen nicht immer alle auf den konkreten Text zutreffen. Einen solchen Versuch hat Walter Höllerer unternommen, der über Kurzgeschichten schreibt:

„Die Autoren gehen darauf aus:

Erstens: Sich auf die Augenblicksfixierung und dabei auf die Rolle der Einzelgegenstände, der einzelnen Worte und Gesten zu besinnen.

Zweitens: Die Ansichten über Wichtigkeiten und Belanglosigkeiten zu revidieren; an scheinbar belanglosen Situationen entzünden sich die entscheidenden Stellen (...).

Drittens: Geschehnisse (...) werden andeutend dargestellt.

Viertens: Subjekt und Objekt, Personen und Gegenstände nähern sich in Momentsituationen an.

Fünftens: Die Handlung baut sich auf (...) auf Kabinen des Erzählens.

Sechstens: Der Erzähler versucht nicht zu vertuschen, dass er erzählt (...).

Siebtens: Unabgeschlossenheit am Anfang und am Ende (...)."[79]

78 B. Matzkowski/E. Sott, S. 8.
79 Walter Höllerer, *Die kurze Form der Prosa*, in H.-C. Graf von Nayhauss, S. 74 f.

Die von Höllerer genannten Formelemente sind in der Kurzgeschichte als Gattung angelegt, können zur Entfaltung kommen, wobei einzelne Elemente stärker in den Vordergrund rücken können, andere im konkreten Text überhaupt nicht zum Tragen kommen müssen.
Zahlreiche Autoren, die sich mit der Theorie der Kurzgeschichte beschäftigt haben, betonen vor allem den siebten von Höllerer genannten Aspekt, die Unabgeschlossenheit am Anfang und am Ende. Kurzgeschichten setzen oftmals unmittelbar ein; es gibt keine Hinführungen und Einleitungen. Vielmehr wird der Leser direkt in die Handlung versetzt. Dazu einige Beispiele für Anfänge von Kurzgeschichten: „Die Frau lehnte am Fenster und sah hinüber." (Ilse Aichinger, *Das Fenster-Theater*); „Er hatte sich eine Füllfeder gekauft." (Peter Bichsel, *San Salvador*); „Wallfried Känsterle, der einfache Schlosser, sitzt nach Feierabend vor dem Fernsehschirm." (Rainer Brambach, *Känsterle*); „Mit dem Brief kam neue Hoffnung." (Siegfried Lenz, *Der große Wildenberg*). Diesem unvermittelten Einstieg entspricht die Unabgeschlossenheit am Ende; die thematisierten Konflikte oder Probleme werden zumeist nicht wirklich gelöst oder nur einer Scheinlösung zugeführt, vielmehr wird das Nachdenken über eine (bessere) Lösung an die Rezipienten weitergegeben. Die „Neigung (vor allem zum offenen Ende) kann aus der Entstehungszeit der modernen deutschen Kurzgeschichte verstanden werden. Die Autoren wollten (und konnten) ihren Lesern keine Antworten auf die in ihren Geschichten angerissenen Probleme geben, und so gerinnt die Unabgeschlossenheit am Ende – das Scheinparadoxon, dass die Geschichten zwar einen Schluss, jedoch kein Ende haben – zum Ausdruck für den *offenen Horizont* als einem echten und charakteristischen Merkmal der Zeit ihrer Entstehung."[80]

Die Themen, denen sich die Kurzgeschichte zuwendet, sind zumeist dem Alltag entnommen, scheinen oftmals profan, ja geradezu banal zu sein. Nicht „Helden" sind die Protagonisten, sondern alltägliche Menschen, manchmal auch Außenseiter, an den Rand der Gesellschaft gedrängte Menschen. Für sie stellen die alltäglichen Probleme, die geschildert werden, allerdings zumeist Krisensituationen ihrer Existenz dar, Wende- oder Schicksalspunkte in ihrem Dasein, die das bisherige Leben bis in die Grundmauern erschüttern lassen. Der Ausschnitt, der dabei aus ihrem Leben gewählt wird, ist zumeist punktuell. Ein Leben wird in einer Momentaufnahme gezeigt, das Geschehen wird auf das Entscheidende reduziert.
Der Alltäglichkeit des Personals und der geschilderten Konflikte entspricht die oftmals einfache und schnörkellose Sprache.

80 B. Matzkowski/E. Sott, S. 16.

6.1 Ilse Aichinger: *Das Fenster-Theater*

Die Frau lehnte am Fenster und sah hinüber. Der Wind trieb in leichten Stößen vom Fluss herauf und brachte nichts Neues. Die Frau hatte den starren Blick neugieriger Leute, die unersättlich sind. Es hatte ihr noch niemand den Gefallen getan, vor ihrem Haus niedergefahren zu werden. Außerdem wohnte sie im vorletzten Stock, die Straße lag zu tief unten. Der Lärm rauschte nur mehr leicht herauf. Alles lag zu tief unten. Als sie sich eben vom Fenster abwenden wollte, bemerkte sie, dass der Alte gegenüber Licht angedreht hatte. Da es noch ganz hell war, blieb dieses Licht für sich und machte den merkwürdigen Eindruck, den aufflammende Straßenlaternen unter der Sonne machen. Als hätte einer an seinen Fenstern die Kerzen angesteckt, noch ehe die Prozession die Kirche verlassen hat. Die Frau blieb am Fenster.

Der Alte öffnete und nickte herüber. Meint er mich? dachte die Frau. Die Wohnung über ihr stand leer, und unterhalb lag eine Werkstatt, die um diese Zeit schon geschlossen war. Sie bewegte leicht den Kopf. Der Alte nickte wieder. Er griff sich an die Stirne, entdeckte, dass er keinen Hut aufhatte, und verschwand im Innern des Zimmers.

Gleich darauf kam er in Hut und Mantel wieder. Er zog den Hut und lächelte. Dann nahm er ein weißes Tuch aus der Tasche und begann zu winken. Erst leicht und dann immer eifriger. Er hing über die Brüstung, dass man Angst bekam, er würde vornüberfallen. Die Frau trat einen Schritt zurück, aber das schien ihn nur zu bestärken. Er ließ das Tuch fallen, löste seinen Schal vom Hals – einen großen bunten Schal und ließ ihn aus dem Fenster wehen. Dazu lächelte er. Und als sie noch einen weiteren Schritt zurücktrat, warf er den Hut mit einer heftigen Bewegung ab und wand den Schal wie einen Turban um seinen Kopf. Dann kreuzte er die Arme über der Brust und verneigte sich. Sooft er aufsah, kniff er das linke Auge zu, als herrsche zwischen ihnen ein geheimes Einverständnis. Das bereitete ihr so lange Vergnügen, bis sie plötzlich nur mehr seine Beine in dünnen, geflickten Samthosen in die Luft ragen sah. Er stand auf dem Kopf. Als sein Gesicht gerötet, erhitzt und freundlich wieder auftauchte, hatte sie schon die Polizei verständigt.

Und während er, in ein Leintuch gehüllt, abwechselnd an beiden Fenstern erschien, unterschied sie schon drei Gassen weiter über dem Geklingel der Straßenbahnen und dem gedämpften Lärm der Stadt das Hupen des Überfallautos. Denn ihre Erklärung hatte nicht sehr klar und ihre Stimme erregt geklungen. Der alte Mann lachte jetzt, so dass sich sein Gesicht in tiefe Falten legte, streifte dann mit einer vagen Gebärde darüber, wurde ernst, schien das Lachen eine Sekunde lang in der hohlen Hand zu halten und warf es dann hinüber. Erst als der Wagen schon um die Ecke bog, gelang es der Frau, sich von seinem Anblick loszureißen.

Sie kam atemlos unten an. Eine Menschenmenge hatte sich um den Polizeiwagen gesammelt. Die Polizisten waren abgesprungen, und die Menge kam hinter ihnen und der Frau her. Sobald man die Leute zu verscheuchen suchte, erklärten sie einstimmig, in diesem Hause zu wohnen. Einige davon kamen bis zum letzten Stock mit. Von den Stufen beobachteten sie, wie die Männer, nachdem ihr Klopfen verge-

blich blieb und die Glocke allem Anschein nach nicht funktionierte, die Tür aufbrachen. Sie arbeiteten schnell und mit einer Sicherheit, von der jeder Einbrecher lernen konnte. Auch in dem Vorraum, dessen Fenster auf den Hof sahen, zögerten sie
45 nicht eine Sekunde. Zwei von ihnen zogen die Stiefel aus und schlichen um die Ecke. Es war inzwischen finster geworden. Sie stießen an einen Kleiderständer, gewahrten den Lichtschein am Ende des schmalen Ganges und gingen ihm nach. Die Frau schlich hinter ihnen her.
Als die Tür aufflog, stand der alte Mann, mit dem Rücken zu ihnen gewandt, noch
50 immer am Fenster. Er hielt ein großes weißes Kissen auf dem Kopf, das er immer wieder abnahm, als bedeutete er jemandem, dass er schlafen wolle. Den Teppich, den er vom Boden genommen hatte, trug er um die Schultern. Da er schwerhörig war, wandte er sich auch nicht um, als die Männer schon knapp hinter ihm standen und die Frau über ihn hinweg in ihr eigenes finsteres Fenster sah.
55 Die Werkstatt unterhalb war, wie sie angenommen hatte, geschlossen. Aber in die Wohnung oberhalb musste eine neue Partei eingezogen sein. An eines der erleuchteten Fenster war ein Gitterbett geschoben, in dem aufrecht ein kleiner Knabe stand. Auch er trug sein Kissen auf dem Kopf und die Bettdecke um die Schultern. Er sprang und winkte herüber und krähte vor Jubel. Er lachte, strich mit der Hand
60 über das Gesicht, wurde ernst und schien das Lachen eine Sekunde lang in der hohlen Hand zu halten. Dann warf er es mit aller Kraft den Wachleuten ins Gesicht.

Aus: Ilse Aichinger, Der Gefesselte. Erzählungen,
Fischer Verlag, Frankfurt a. Main 1963, S. 61–63.

6.1.1 Analyse der Makrostruktur

Analyse der Geschichte (Thema/Gegenstand/Wirklichkeitsbezug)

Am Beispiel einer Frau, eines alten und schwerhörigen Mannes sowie eines Kleinkindes, das noch nicht sprechen kann und sich in einem Gitterbett befindet, thematisiert Ilse Aichinger den Problemkreis der Einsamkeit und Entfremdung, zeigt aber auch Möglichkeiten der Überwindung von Isolation durch Herstellung einer kommunikativen Beziehung auf.
Die Geschichte schildert ein grotesk-komisches Missverständnis. Eine Frau sieht in einem Fenster im gegenüberliegenden Haus einen Mann, der für sie unverständliche Grimassen schneidet, sich verkleidet, einen Kopfstand vollführt. Die Frau fühlt sich veranlasst, daraufhin die Polizei anzurufen, die – gefolgt von der Frau – schließlich gewaltsam in die Wohnung des Mannes eindringt. Es stellt sich heraus, dass sich in der Wohnung, die über derjenigen der Frau liegt, ein kleines Kind in einem Gitterbett befindet, das die Eltern ans Fenster gerückt haben. Der alte Mann im Haus auf der gegenüberliegenden Straßenseite, so stellt sich am Ende heraus, hat für den kleinen Jungen „Theater gespielt".

Analyse der Erzählsituation, der Darbietungsform und der Figurenkonstellation

Die Geschichte kommt ohne Figurenrede aus. Da sie die Themen Einsamkeit und Kommunikationslosigkeit aufgreift, erscheint das nur konsequent. Der Erzählerbericht gibt lediglich einmal einen Gedanken der Frau direkt wieder („Meint er mich? dachte die Frau."), schildert noch nicht einmal den Inhalt des Telefongesprächs, das die Frau mit der Polizei führt. Die Figuren werden implizit und explizit charakterisiert. Über die Frau heißt es z. B.: „Die Frau hatte den starren Blick neugieriger Leute, die unersättlich sind." Ihre Neugier wird aber auch durch die Schilderung ihres Verhaltens beim Eintreffen der Polizei unterstrichen, denn die Frau „schleicht" hinter den Polizisten bis in die Wohnung des alten Mannes.
Das Verhalten der Frau steht kontrastiv dem des alten Mannes und des Kindes gegenüber. Obwohl die Kommunikation zwischen den beiden durch Hindernisse erschwert ist (der Mann ist schwerhörig, das Kind kann nicht sprechen und ist zudem durch das Gitterbett eingeschränkt, eine Distanz – die Straße – ist zu überwinden), treten Mann und Kind in eine Beziehung zueinander. Diese vollzieht sich nicht über die gesprochene Sprache, sondern über Mimik und Gestik. Dies wird besonders daran deutlich, dass eine Geste des Mannes (er scheint sein Lachen in der hohlen Hand zu halten und wirft es dann dem Kind herüber) am Ende der Geschichte vom Kind aufgegriffen wird (wobei das Kind allerdings sein Lachen den Wachleuten ins Gesicht wirft). Demgegenüber überwindet die Frau ihre Einsamkeit und Kommunikationslosigkeit nicht. Ihr Verhalten ist lediglich auf das Sensationelle ausgerichtet; sie ist, obwohl der Sprache mächtig, letztlich stumm. Sie ist auch nicht in der Lage, das „Spiel" des Mannes als solches zu erkennen und die kommunikativen Angebote, die er (dem Kind) macht, ihrerseits aufzugreifen und sich am Spiel zu beteiligen. Ihre Teilhabe beschränkt sich aufs Voyeuristische und ist Ausdruck einer pervertierten Sensationslust („Es hatte ihr noch niemand den Gefallen getan, vor ihrem Haus niedergefahren zu werden.").

Analyse von Erzählzeit und erzählter Zeit, Raum und Kompositionsstruktur

Die Geschichte, die an einem frühen Abend einsetzt („Da es noch ganz hell war, (...)."), umgreift einen Zeitraum von vielleicht 30 Minuten und ist in wenigen Minuten erzählt (Zeitraffung, z. B.: „Es war inzwischen finster geworden."). Handlungsraum ist eine anonyme Straße in einem nicht benannten Ort; die Frau scheint in einem höheren Haus zu wohnen, denn der Lärm der Straße „rauschte nur mehr leicht herauf. Alles lag zu tief unten." Die Wohnung der Frau wird aber gleichzeitig zum Symbolraum, denn als sie, den Polizisten folgend und im erleuchteten Zimmer des alten Mannes stehend, auf die gegenüberliegende Seite in ihre eigene Wohnung blicken kann, sieht sie „in ihr eigenes finsteres Fenster (...)." So dunkel wie ihr Fenster ist, so dunkel ist ihre eigene Existenz. Wir blicken mit der Frau durch ihr Fenster in ihre einsame Seele, in ihre dunkle, von keiner Freude und keinem kommunikativen Gegenüber aufgehellten Existenz.

Die Geschichte wird linear erzählt, wobei die Erklärung für das Verhalten des Mannes erst im Schlussabschnitt erfolgt. Somit wird auch der Leser bis zum Schluss im Unklaren darüber gelassen, was den alten Mann zu seinem Verhalten gebracht hat.

6.1.2 Analyse der Mikrostruktur

Analyse von Sprache und Stil

Die Sprache der Geschichte ist unkompliziert, allerdings nicht frei von ironischen und sarkastischen Untertönen, so etwa wenn geschildert wird, wie die Wachleute auf Socken schleichen, um unbemerkt zu bleiben (der alte Mann ist schwerhörig!), oder wenn es über die Art, mit der die Wachleute die Tür zur Wohnung des alten Mannes aufbrechen, heißt: „Sie arbeiteten schnell und mit einer Sicherheit, von der jeder Einbrecher lernen konnte."
Einigen Textkonstituenten kommt im Textganzen mehrfache Bedeutung zu. Das „Fenster-Theater" bezeichnet einmal die Theatervorstellung, die der alte Mann für den kleinen Jungen gibt, wobei der Fensterrahmen die Funktion einer Bühnenbegrenzung hat. Andererseits macht die von Neugierde zerfressene Frau erst recht ein Theater aus dem, was auf der gegenüberliegenden Seite passiert, indem sie die Polizei informiert (man hört das Hupen des „**Überfall**autos", so als habe die Frau einen schweren kriminellen Akt gemeldet; tatsächlich aber „überfallen" die „Wachleute" den alten Mann).
Ebenso mehrdeutig sind die Verweise auf Helligkeit und Dunkelheit. Als die Polizisten (im Text ist von „Wachleuten" die Rede) in die Wohnung des Mannes eindringen, ist am Ende des Ganges ein „Lichtschein", in dem der alte Mann steht. Dieser Lichtschein kontrastiert mit der inzwischen eingesetzten Dunkelheit auf der Straße und der Dunkelheit im Zimmer der Frau, die wiederum für die Leere und Sinnlosigkeit ihres Lebens steht, wogegen der alte Mann, der ja behindert ist, aktiv kommuniziert. Dieser Kontrast findet seine Entsprechung in der Beschreibung des Mannes und der Frau; die Frau hat lediglich einen „starren Blick", der alte Mann hat ein differenziertes und vielfältiges Ausdrucksvermögen (er lacht, er lächelt, er kneift ein Auge zu, sein Gesicht legt sich in Falten etc.).
Die Geschichte klingt aus mit einem eindrucksvollen Bild (der kleine Junge wirft sein Lachen mit aller Kraft den Wachleuten ins Gesicht). Damit werden die Wachleute, die Frau und alle anderen Neugierigen, die sich im Treppenhaus eingefunden haben, der Lächerlichkeit ausgesetzt. Gleichzeitig macht dieses Bild deutlich, dass der kleine Junge das Kommunikationsangebot des alten Mannes aufgegriffen hat und dass ihr sprachloses Spiel wohl weitergehen wird und die Tristesse der Isolation (der Junge steht in einem „**Gitter**bett": Assoziationsmöglichkeit → Gefangenschaft) überwinden wird.

6.1.3 Gattungsmerkmale

Die Personen sind Menschen aus dem Alltag; das aufgezeigte Problem (Entfremdung, Einsamkeit) wird durch die Beschreibung eines besonderen Moments aus dem Leben dieser Figuren erhellt und ins Bewusstsein des Rezipienten gehoben (siehe Höllerers Punkt 2). Die Geschichte setzt unvermittelt ein; ihr Ende ist in doppelter Weise „offen". Auf der Ebene des Textes selbst bleibt z. B. offen, ob die Frau Konsequenzen aus dem Vorfall für sich zieht (die Geschichte ließe sich in verschiedene Richtungen „weiterschreiben"). Entscheidender ist aber die „Offenheit" bezüglich des Rezipienten. Die Geschichte kann ihn veranlassen, über eigene Kommunikationsweisen nachzudenken, das eigene Leben abzuklopfen, seine eigenen Reaktionsweisen zu überprüfen (siehe Höllerers Punkt 7). Einzelne Gesten betonen die besondere Bedeutung bestimmter Momente (das Lachen des Kindes am Ende, siehe Höllerers Punkt 1). In einigen Abschnitten nähern sich Subjekt und Objekt an (siehe Höllerers Punkt 4), so etwa wenn das dunkle Fenster (Objekt) Aufschlüsse zulässt über das Leben der Frau (Subjekt).

Lesetext

6.2 Peter Bichsel: *San Salvador*

Er hatte sich eine Füllfeder gekauft.
Nachdem er mehrmals seine Unterschrift, dann seine Initialen, seine Adresse, einige Wellenlinien, dann die Adresse seiner Eltern auf ein Blatt gezeichnet hatte, nahm er einen neuen Bogen, faltete ihn sorgfältig und schrieb: „Mir ist es hier zu kalt", dann,
5 „ich gehe nach Südamerika", dann hielt er inne, schraubte die Kappe auf die Feder, betrachtete den Bogen und sah, wie die Tinte eintrocknete und dunkel wurde (in der Papeterie garantierte man, dass sie schwarz werde), dann nahm er seine Feder erneut zur Hand und setzte noch großzügig seinen Namen Paul darunter.
Dann saß er da.
10 Später räumte er die Zeitungen vom Tisch, überflog dabei die Kinoinserate, dachte an irgendetwas, schob den Aschenbecher beiseite, zerriss den Zettel mit den Wellenlinien, entleerte seine Feder und füllte sie wieder. Für die Kinovorstellung war es jetzt zu spät.
Die Probe des Kirchenchores dauert bis neun Uhr, um halb zehn würde Hildegard
15 zurück sein. Er wartete auf Hildegard. Zu all dem Musik aus dem Radio. Jetzt drehte er das Radio ab. Auf dem Tisch, mitten auf dem Tisch, lag nun der gefaltete Bogen, darauf stand in blauschwarzer Schrift sein Name Paul.
„Mir ist es hier zu kalt", stand auch darauf.
Nun würde also Hildegard heimkommen, um halb zehn. Es war jetzt neun Uhr. Sie
20 läse seine Mitteilung, erschräke dabei, glaubte wohl das mit Südamerika nicht, würde dennoch die Hemden im Kasten zählen, etwas müsste ja geschehen sein.
Sie würde in den „Löwen" telefonieren.

Der „Löwen" ist mittwochs geschlossen.
Sie würde lächeln und verzweifeln und sich damit abfinden, vielleicht.
25 Sie würde sich mehrmals die Haare aus dem Gesicht streichen, mit dem Ringfinger der linken Hand beidseitig der Schläfe entlangfahren, dann langsam den Mantel aufknöpfen.
Dann saß er da, überlegte, wem er einen Brief schreiben könnte, las die Gebrauchsanweisung für den Füller noch einmal – leicht nach rechts drehen – las auch den
30 französischen Text, verglich den englischen mit dem deutschen, sah wieder seinen Zettel, dachte an Palmen, dachte an Hildegard.
Saß da.
Und um halb zehn kam Hildegard und fragte: „Schlafen die Kinder?"
Sie strich sich die Haare aus dem Gesicht.

Aus: Peter Bichsel, Eigentlich möchte Frau Blum den Milchmann kennen lernen, Walter Verlag, Freiburg und Olten 1964, S. 35 f.

6.2.1 Analyse der Makrostruktur

Analyse der Geschichte (Thema/Gegenstand/Wirklichkeitsbezug)

Die Kurzgeschichte von Bichsel greift die Problematik eines Alltags von Eheleuten auf, die sich voneinander entfremdet haben und deren Leben keine Spannungsmomente mehr aufweist.
Die Geschichte spielt an einem Mittwochabend. Paul, der Ehemann, befindet sich in der Wohnung der Eheleute, Hildegard, seine Frau, ist beim Kirchenchor. Pauls Tätigkeit besteht in einer sinnlosen Aneinanderreihung verschiedener Handlungen, deren wichtigste aber ist, dass er auf einem weißen Blatt notiert: „Mir ist es hier zu kalt, ich gehe nach Südamerika. Paul".
Während des Schreibens und Wartens auf Hildegard spielt Paul ihre Reaktionen durch, die erfolgen würden, wenn er tatsächlich die Wohnung verließe. Es wird deutlich, dass Paul jegliche Reaktion seiner Ehegattin antizipieren kann, bis zu bestimmten Gesten (die Haare aus dem Gesicht streichen), den Anrufen, die sie tätigen würde, ihrem Lächeln und ihrer Verzweiflung über seinen Schritt. Ob sich Hildegard mit seinem Verschwinden abfinden würde, kann Paul jedoch nicht einschätzen („vielleicht"). Paul kann sich jedoch nicht dazu entschließen, die eheliche Wohnung (und damit seine Frau) zu verlassen. Er überbrückt die Zeit des Wartens und der Entschlusslosigkeit mit weiteren sinnlosen Tätigkeiten (er liest die Gebrauchsanweisung für den Füller, den er sich gekauft hat). Als Hildegard schließlich genau zum erwarteten Zeitpunkt zurückkehrt und sich mit der von Paul vorausgesagten Geste die Haare aus dem Gesicht streicht, sagt sie lediglich: „Schlafen die Kinder?"

Analyse der Erzählsituation, der Darbietungsform und der Personenkonstellation

Der (personale) Erzähler bedient sich des Erzählerberichtes, um die Handlungen und Gedanken Pauls darzubieten. Dass nur ganz am Schluss wörtliche Rede auftaucht (ein Satz, den Hildegard spricht), macht bereits deutlich, dass zwischen den Eheleuten ein Gespräch, zumal ein Gespräch über die Unzufriedenheit Pauls mit seiner jetzigen Situation, kaum möglich ist. Ein Teil der Problematik besteht wohl gerade in der „Sprachlosigkeit" der Ehepartner. Paul selbst spricht seine „Abschiedssätze" ja nicht einmal aus, er schreibt sie, nachdem er zunächst seine Unterschrift, seine Initialen und Wellenlinien aufgemalt hat, lediglich auf ein Blatt Papier. Und selbst dieser (vermeintliche) Abschiedsbrief ist, wenngleich aufschlussreich für das Leben der Ehepartner, von lakonischer Kürze. Die (implizite) Personencharakterisierung erfolgt über die Beschreibung ihrer Handlungen und Gedanken. So wird Pauls Hilf- und Entschlusslosigkeit, aber auch seine Unfähigkeit, seine Situation wirklich zu reflektieren und sie gegenüber Hildegard zu verbalisieren, durch die Schilderung völlig sinnloser Tätigkeiten, die er nacheinander ausführt, deutlich. Dabei ergreift der Erzähler keine Partei für eine der beiden Figuren und weist auch keine Schuld zu; Ursachen für die Entfremdung der Eheleute werden nicht genannt, bestenfalls angedeutet. Genau an dem Tag, am Mittwoch nämlich, wenn Pauls Stammkneipe geschlossen hat, geht Hildegard zum Kirchenchor; gemeinsame Aktivitäten der Eheleute, die über die Organisation des Haushaltes und die Versorgung der Kinder hinausgehen, scheint es nicht zu geben.
Pauls Seelenlage wird angedeutet durch die Sätze, die er aufschreibt. Wenn es heißt, ihm sei es zu „kalt", dann bezieht sich das wohl nicht auf die klimatischen Verhältnisse, sondern die Beziehung zwischen den Eheleuten. Es kann angenommen werden, dass Paul nicht wirklich die Absicht hat, Hildegard zu verlassen, denn seinen Gedankenspielen steht das statische Moment des „Sitzens" und des „Wartens" gegenüber („Dann saß er da" / „Dann saß er da" / „Saß da"/ Er wartete auf Hildegard").

Analyse von erzählter Zeit und Erzählzeit, Raum und Kompositionsstruktur

Aus Hinweisen im Text kann entnommen werden, dass die erzählte Zeit rund 1 ½ Stunden ausmacht, die Erzählzeit beträgt etwa 3 Minuten. An vielen Stellen im Text wird die Zeit gerafft. Eine sukzessive Zeitraffung erfolgt durch das vielfach verwendete „dann", das gleichzeitig die sinnlose Aneinanderreihung der Tätigkeiten Pauls dokumentiert, oder andere Zeitverweise: „später", für „die Kinovorstellung war es jetzt zu spät", die Probe „dauert bis neun".
Diese Aneinanderreihung von Tätigkeiten ist das entscheidende Strukturmoment der Geschichte, denn Pauls „Aktivitäten" erfolgen im Spannungsfeld des langsamen Verrinnens der Zeit und entschlusslosen Wartens („Dann saß er da", Zeile 9 /

„Dann saß er da.", Zeile 28 / „Saß da", Zeile 32). Syntaktisch findet dies seine Entsprechung, wenn der Erzähler die Phasen der „Aktivität" Pauls in Form einer (asyndetischen) Reihung schildert: „Dann saß er da. Später räumte er die Zeitungen vom Tisch, überflog dabei die Kinoinserate, dachte an irgendetwas, schob den Aschenbecher beiseite, zerriss den Zettel mit den Wellenlinien, entleerte seine Feder und füllte sie wieder." / „Dann saß er da, überlegte, wem er einen Brief schreiben könnte, las die Gebrauchsanweisungen für den Füller noch einmal – leicht nach rechts drehen – las auch den französischen Text, verglich den englischen mit dem deutschen, sah wieder seinen Zettel, dachte an Palmen, dachte an Hildegard. Saß da."[81]
Über den Raum erfahren wir nichts, wenn man einmal von Hinweisen auf Einrichtungsgegenstände (Radio) absieht. Der Raum ist aber gerade deshalb Stimmungsraum. Für den Rezipienten ist der Raum eine „Leerstelle", aber er wird angefüllt durch die Tristesse des Ehealltags, als dessen Kontrastraum im Text Pauls Südamerika (Palmen) auftaucht.[82]
Der Text wird insgesamt linear erzählt, lediglich in den Gedanken Pauls gibt es Vorgriffe, wenn er durchspielt, was Hildegard bei seiner Abwesenheit tun wird.

6.2.2 Analyse der Mikrostruktur

Analyse von syntaktischen Strukturen, semantischen Feldern und Stilmitteln

Die Sprache der Kurzgeschichte ist durch schnörkellose Einfachheit und Alltagsvokabular gekennzeichnet. Der Satzbau ist unkompliziert und besonders durch das Stilmittel der Reihung gekennzeichnet (zur Funktion siehe bereits oben). Da ein Ausschnitt aus dem Leben von zwei alltäglichen Menschen geschildert wird, entspricht die Art der Darstellung dem Dargestellten. Die Kommunikationslosigkeit zwischen den Eheleuten findet ihre Entsprechung darin, dass die Kurzgeschichte genau an der Stelle endet, an der ein Gespräch zwischen Paul und Hildegard einsetzen könnte (bei Hildegards Rückkehr nämlich). Dass der einzige gesprochene Satz in der Geschichte (die Frage Hildegards nach den Kindern) sich nicht auf den Ehepartner bezieht, lässt allerdings vermuten, dass ein Gespräch auch nicht stattfinden wird. Die von Paul niedergeschriebenen Sätze sowie die Überschrift sind semantisch mehrdeutig und können zum Ausgangspunkt für Überlegungen zur emotionalen Befindlichkeit der Personen dienen (s. o.).

81 Ihre Entsprechung auf syntaktischer Ebene findet die Darstellung der Verhaltensweise Pauls in der Schilderung der (vermuteten) Reaktionen Hildegards: „Sie würde sich mehrmals die Haare aus dem Gesicht streichen, mit dem Ringfinger der linken Hand beidseitig der Schläfe entlangfahren, dann langsam den Mantel aufknöpfen."

82 Paul benennt das Land seiner Träume ja nicht, sondern lediglich den Kontinent (Südamerika). Der Titel *San Salvador* (Hauptstadt El Salvadors) ist deshalb wohl nicht als konkretisierte Ortsangabe zu verstehen, sondern auf dem Hintergrund der Bedeutung des Namens (San Salvador = der heilige Retter/Erlöser) zu verstehen.

6.2.3 Gattungsmerkmale

Es wird ein Alltagsproblem geschildert (Krise einer Ehe), die Personen sind alltäglich, die Sprache ist einfach.
Die Geschichte ist durch Augenblicksfixierung gekennzeichnet. Einzelnen Worten (die von Paul aufgeschriebenen Sätze) und einzelnen Gesten (die Haare aus dem Gesicht streichen) kommt im Textzusammenhang eine besondere Bedeutung zu. Eine an sich belanglose Situation (ein Ehepartner ist zu Hause, der andere geht einer Aktivität nach) wird zum Ausgangspunkt für das Aufzeigen der Krise zwischen den Eheleuten. Subjekte und Objekte nähern sich an, Andeutungen ersetzen ausführliche Erläuterungen (das Leeren und Füllen des Federhalters und das Lesen der Gebrauchsanweisung verdeutlichen die Entschlusslosigkeit Pauls). Die Geschichte setzt unvermittelt ein, das Ende ist offen, denn die Krise zwischen den Eheleuten existiert fort.

7. Literaturverzeichnis

7.1 Lehr- und Unterrichtswerke

Biermann, Heinrich/Schurf, Bernd: *Texte, Themen und Strukturen – Grundband Deutsch für die Oberstufe*, Düsseldorf 1990

Diem, Albrecht u.a.: *Schreibweisen. Ein Arbeitsbuch für den Deutschunterricht der Sekundarstufe I*, Stuttgart 1987

Heinze, Norbert/Schurf, Bernd: *Text und Dialog*/Grundband, *Deutschunterricht auf der Sekundarstufe II*, Düsseldorf 1979

Hermes, Eberhard/Steinbach, Dietrich u.a.: *Perspektiven. Grundlagen zum Verstehen und Verfassen von Texten im Deutschunterricht der Sekundarstufe II*, Stuttgart 1981

Wernicke, Uta: *Sprachgestalten Band 1: Lese- und Schreibweisen/Sprachliches Handeln in Theorie und Praxis*, Hamburg 1983

Wernicke, Uta: *Sprachgestalten Band II: Lese- und Schreibweisen/Umgang mit literarischen Texten*, Hamburg 1983

7.2 Fachwissenschaftliche Werke

Belke, Horst: *Literarische Gebrauchsformen*, Düsseldorf 1973

Bekes, Peter: *Verfremdungen. Parabeln von Bertolt Brecht, Franz Kafka, Günter Kunert*, Stuttgart 1988

Burger, Gerda (Hrsg.): *Methoden und Beispiele der Kurzgeschichteninterpretation*, Hollfeld 1977

Dithmar, Reinhard (Hrsg.): *Fabeln, Parabeln und Gleichnisse*, München 1970

Dörfler, Heinz: *Moderne Romane im Unterricht*, Frankfurt 1988

Erlach, Dietrich (Hrsg.): *Lyrik vom Mittelalter bis zur Gegenwart. Eine thematische und literaturhistorisch geordnete Gedichtsammlung*, Düsseldorf 1989

Gollnick, Rüdiger/Houben, Heribert u.a.: *Grundlagen mündlicher und schriftlicher Kommunikation*, Düsseldorf 1975

Haug, Wolfgang F./Müller-Wirth, Christoph (Hrsg.): *Das Argument.* Berliner Hefte für Probleme der Gesellschaft Heft 1/1964

Hermes, Eberhard: *Abiturwissen Erzählende Prosa*, Stuttgart 1990

Jansen, Josef: *Einführung in literaturwissenschaftliche Arbeitstechniken und Methoden am Beispiel eines Bestsellers*, Düsseldorf 1977

Kitzinger, Erwin (Hrsg.): *Interpretationen moderner Prosa*, Frankfurt a. Main 1977

Krause, Egon: *Interpretieren – Begriff und Anwendung im Deutschunterricht*, Frankfurt a. Main 1984

Krüger, Anna (Hrsg.): *Texte für den Deutschunterricht. Kommentar zu den Texten für das 10. Schuljahr*, Frankfurt a. M. 1975

Krywalski, Diether (Hrsg.): *Handlexikon zur Literaturwissenschaft* (2 Bde.), Reinbek bei Hamburg 1978

Lecke, Bodo (Hrsg.): *Grundlagen literarischer Kommunikation*, Düsseldorf 1976

Lehmann, Jakob (Hrsg.): *Interpretationen moderner Kurzgeschichten*, Frankfurt a. M. 1976

Lindken, Ulrich (Hrsg.): *Theorie des Romans*, Stuttgart 1977

Link, Jürgen: *Literaturwissenschaftliche Grundbegriffe*, München 1974

Lukács, Georg: *Die Theorie des Romans*, Berlin und Neuwied 1971

Matzkowski, Bernd/Sott, Ernst: *Basisinterpretationen für den Literatur- und Deutschunterricht der Sekundarstufen Band IV. Zu 36 modernen deutschen Kurzgeschichten mit Arbeitsfragen*, Hollfeld 1981

Meurer, Reinhard: *Franz Kafka. Erzählungen*, München 1988

Nayhauss, Hans-Christoph Graf von (Hrsg.): *Theorie der Kurzgeschichte*, Stuttgart 1977

Neis, Edgar: *Wie interpretiere ich Gedichte und Kurzgeschichten? Methoden und Beispiele*, Hollfeld 1977

Pelster,Theodor: *Rede und Rhetorik*, Düsseldorf 1972

Pelster, Theodor: *Epische Kleinformen – Methoden der Interpretation*, Düsseldorf 1976

Rang, Bernhard: *Der Roman*, Freiburg 1950

Schlüter, Hermann: *Grundkurs der Rhetorik*, München 1974

Stanzel, Franz K.: *Typische Formen des Romans*, Göttingen 1969

Wagenbach, Klaus: *Kafka*, Reinbek bei Hamburg 1966

Wilpert, Gero von: *Sachwörterbuch der Literatur*, Stuttgart 1969

Zimmermann, Werner: *Deutsche Prosadichtungen des 20. Jahrhunderts* (2 Bde.), Düsseldorf 1989

7.3 Quellenverzeichnis

Franz Kafka, *Gibs auf*
Quelle: **Reinhard Dithmar (Hg.),** *Fabeln, Parabeln und Gleichnisse. Beispiele didaktischer Literatur*, dtv-Bibliothek Bd. 6092, München 1978, S. 295

Jean de la Fontaine, *Der Wolf und das Lamm*
Quelle: **Franz Hebel (Hg.),** *Lesen – Darstellen – Begreifen. Lese- und Arbeitsbuch für den Literatur- und Sprachunterricht, 11. Schuljahr*, Cornelsen Verlag, Frankfurt am Main 1988, S. 63

Martin Luther, *Vom Wolff und lemlin*
Quelle: **Franz Hebel (Hg.),** *Lesen – Darstellen – Begreifen. Lese- und Arbeitsbuch für den Literatur- und Sprachunterricht, 11. Schuljahr*, Cornelsen Verlag, Frankfurt am Main 1988, S. 63 f.

Gotthold Ephraim Lessing, *Der Wolf und das Schaf*
Quelle: **Franz Hebel (Hg.),** *Lesen – Darstellen – Begreifen. Lese- und Arbeitsbuch für den Literatur- und Sprachunterricht, 11. Schuljahr*, Cornelsen Verlag, Frankfurt am Main 1988, S. 62

Franz Kafka, *Eine kaiserliche Botschaft*
Quelle: **Reinhard Dithmar (Hg.),** *Fabeln, Parabeln und Gleichnisse. Beispiele didaktischer Literatur*, dtv-Bibliothek Bd. 6092, München 1978, S. 294 f.

Franz Kafka, *Der Nachbar*
Quelle: **Anna Krüger (Hg.),** *Texte für den Deutschunterricht. Geschichten für das 10. Schuljahr*, Diesterweg Verlag, Frankfurt am Main 1978, S. 63 f.

Bertolt Brecht, *Das Wiedersehen*
Quelle: **Bertolt Brecht,** *Prosa Bd. 2*, edition suhrkamp Bd. 183, Frankfurt am Main 1967, S. 375 ff.

Bertolt Brecht, *Maßnahmen gegen die Gewalt*
Quelle: **Bertolt Brecht,** *Prosa Bd. 2*, edition suhrkamp Bd. 183, Frankfurt a. M. 1967, S. 375 ff.

Ilse Aichinger, *Das Fenster-Theater*
Quelle: **Ilse Aichinger,** *Der Gefesselte.* Erzählungen, Fischer Verlag, Frankfurt am Main 1963, S. 61–63

Peter Bichsel, *San Salvador*
Quelle: **Peter Bichsel,** *Eigentlich möchte Frau Blum den Milchmann kennen lernen*, Walter Verlag, Freiburg und Olten 1964, S. 35 f.

Ebenfalls im Bange Verlag erschienen

Thomas Möbius
Beliebte Gedichte interpretiert
9.–13. Sj., 100 Seiten, mit Texten
Best.-Nr. 1480-X **10,90 € [D]**

In diesem Band finden Sie folgende beliebte Gedichte aus der Zeit des Mittelalters bis zur Moderne und ihre Interpretationen:

Unbekannter Dichter: *du bist mîn*
Luther: *Der XLVI. Psalm. Deus noster refugium et virtus*
Gryphius: *Thränen in schwerer Krankheit*
Logau: *Des Krieges Buchstaben*
Goethe: *Prometheus*
Claudius: *Abendlied*
Schiller: *Das Lied von der Glocke*
Brentano: *Der Spinnerin Nachtlied*
Hölderlin: *Hälfte des Lebens*
Mörike: *Er ist 's*
Eichendorff: *Mondnacht*
Heine: *Nachtgedanken*
Meyer: *Der römische Brunnen*
George: *Komm in den totgesagten park*
Rilke: *Der Panther*
Lasker-Schüler: *Ein alter Tibetteppich*
Heym: *Die Stadt*
Trakl: *In den Nachmittag geflüstert*
Benn: *Kleine Aster*
Kästner: *Sachliche Romanze*
Brecht: *An die Nachgeborenen*
Celan: *Todesfuge*
Eich: *Inventur*
Bachmann: *Die gestundete Zeit*
Gomringer: *Schweigen*
Enzensberger: *Bildzeitung*
Grass: *Kinderlied*

Wolfhard Keiser
Beliebte Balladen interpretiert
9.–13. Sj. 160 S., mit Texten
Best.-Nr. 1477-X **12,90 € [D]**

Der Band gibt einen Überblick über die Entwicklung der deutschen Ballade. Alle Balladen sind abgedruckt – dies erspart den zeitraubenden Gang in die Bibliothek. 28 Musterinterpretationen der wichtigsten Balladen zeigen, wie es geht. Bei jeder Interpretation werden der Inhalt, der Aufbau, die Aussage und Sprache und die Form analysiert.

In diesem Band finden Sie folgende beliebte Balladen und ihre Interpretationen:
Bürger: *Lenore*
Goethe: *Der König in Thule/Der Zauberlehrling/Erlkönig*
Schiller: *Der Taucher/Die Bürgschaft*
Uhland: *Des Sängers Fluch*
Rückert: *Barbarossa*
Heine: *Belsazar/Die Wallfahrt nach Kevlaar/Loreley*
Schwab: *Das Gewitter*
Chamisso: *Das Riesenspielzeug*
Mörike: *Die Geister am Mummelsee*
Droste-Hülshoff: *Der Knabe im Moor*
Fontane: *Die Brück' am Tay/John Maynard/Herr von Ribbeck auf Ribbeck im Havelland*
Liliencron: *Der Golem*
Trakl: *Melusine*
Brecht: *O Falladah; die du hangest!*
Strauß und Torney: *Die Tulipan*
Britting: *Der Bethlehemitische Kindermord*
Kästner: *Die Ballade vom Nachahmungstrieb*
Huchel: *Letzte Fahrt*
Bachmann: *Nebelland*
Meckel: *Ballade*
Kirsch: *Bei den weißen Stiefmütterchen*

Eduard Huber
Wie interpretiere ich Gedichte?
Sek I/II (AHS)
112 Seiten
Best.-Nr. 1474-5 **11,90 € [D]**
Ein kompakter Helfer zum Thema Gedichtinterpretation.
Das Buch hebt sich durch seine kompakte Darstellung und seine Methodik von anderen Interpretationshilfen ab.